新版

変わりゆく
イギリスの大学

―教育にみるイギリス文化―

秦 由美子

学 文 社

まえがき

　イギリスの教育界において，エポックメイキングな年となった 1992 年は，ポリテクニクやカレッジが「大学」という名称をつけることができるようになった高等教育一元化の年であり，大学数と学生数が一挙に増加した年である。この一元化からちょうど 5 年後の 1997 年に『学習社会における高等教育』，通称『デアリング報告書』が公刊され，新たに数多くの高等教育に関する勧告が提出されることになった。しかし，多くの議題が提出される中，議論も不十分なまま短期間で多岐にわたる改革が実施されたというのが当時の状況であった。

　誰もが高等教育の発展を望みつつも立場の違いにより，それら諸問題に取り組む観点や姿勢や対応が当然ながら異なってくる。そこで，筆者は中央政府の政策声明が出されたこの時期を絶好の機会ととらえ，イギリス高等教育界で活発に活動していた関係者から，彼らが直面している問題について生の声を聞こうとイギリスに赴き，インタビューを実施した（1997 年〜 2000 年）。

　インタビュー対象者は，それぞれが一個人としての意思をもつ人間であると同時に公的役割を担う人々で，大学院生（この大学院生もすでにマンチェスター大学の講師となっている）を含む教育界で重要な位置づけにある人々である。そして，彼らとのインタビューが終了したのが，その 3 年後の 2000 年であった。

　イギリスの教育界をありのままに眺めてもらった結果導き出された彼らの発言内容は，現代の日本や世界にも通じる問題を孕んでおり，その中身に古さを感じることがない。なぜならば，彼らの思想が世代を超えたもの，すなわち，普遍的な思想を含意しているに他ならないからだ。

　そこで，日本の文化，社会，政治，歴史と比較しながら，彼らの発言を通して，彼らの発言の背景にあるイギリス文化，社会，政治，歴史をさらに深

く理解していきたいと考え，これらインタビュー調査をもとに『変わりゆく
イギリスの大学』を 2001 年に上梓した。本書はそれを再構成し，大幅に加
除修正を行ったものである。時代背景は当時（1997 年〜 2000 年）のものとなっ
ており，当時の政治や社会がリアルに読み取れることと思われる。

　彼ら全員が公的立場にありながらも自らの考えを率直に吐露し，非常に公
正かつ公平な観点から母国の現状を眺めている。より良き社会を打ち立てる
ために自ら進んで改革に立ち向かう彼らの姿からは，今なお我々は多くのこ
とを学ぶことができると考えるのである。

　2021 年 4 月

秦　由美子

目　次

まえがき　i

序　章　イギリスの教育制度　　　　　　　　　　　　　　　　　　1

1. イギリスの学校教育体系概観　1
2. 1992年継続・高等教育法による高等教育界一元化の背景　3
3. イギリスの大学ガバナンス　5

第Ⅰ部　学長の目を通したイギリス

第1章　理想の大学とは……ピーター・ノース　　　　　　　　　14

〈コラム〉　オックスフォード大学の経済波及力　20

［解　説］　29

〈ESSAY〉　Valentine's Day　36

第2章　新大学と旧大学……ジョン・クレイヴン　　　　　　　　38

〈コラム〉　破格の学長給与　51

［解　説］　54

〈ESSAY〉　Museums in London　60

第3章　イギリスで唯一の私立大学……ロバート・テイラー　　　62

〈コラム〉　各大学の学長の給与　70

〈ESSAY〉　The Pleasure of Travel　71

第Ⅱ部　イギリス社会と教育

第4章　イギリス経済と学問……ロバート・コーエン
　　　　―大学がスーパー・マーケット化していく！　　　　　　74

［解　説］　96

〈ESSAY〉 "Continuous effort, not strength or intelligence, is the key to unlocking our potential." By Winston Churchill　98

第5章　イギリスの職業教育……アンドリュー・グリーン
　　　　―労働市場が求めるのはバランスのとれた人材です　　　99
〈コラム〉 1960年代のイギリスの大学数　110
［解　説］　121
〈ESSAY〉 The Beauty of Women: Age Paranoia　123

第6章　政府の立場と考え……トニー・クラーク
　　　　―政府と大学の関係は悪化している　　　125
［解　説］　144
〈コラム〉 スイスのボーディング・スクール　146
〈ESSAY〉 Being earnest is important?　148

第7章　社会の中の子供……ロナルド・ドーア
　　　　―学校に適応できない子供たち　　　150
［解　説］　168
〈コラム〉 パブリック・スクールの教え　170
〈ESSAY〉 The Chap Olympiad　171

【資料編】基本情報：イギリスと日本

1. 学校系統図　174 ／ 2. 教育機関数　176 ／ 3. 教職員数　178 ／
4. 大学　180 ／ 5. 学位取得者の専攻分野別構成　181

索　引　183

序　章

イギリスの教育制度

1. イギリスの学校教育体系概観

　まず，本書を読み進めるにあたり，イギリス（イングランドとウェールズ）[1] の教育制度について簡単に説明しよう。

　イギリスには，5歳で就学し，6年間のプライマリー・スクール（primary school），5年間のセカンダリー・スクール（secondary school）を経る公立学校制度がある。この公立学校制度と並行して，私立学校制度が存在している。その後，2年間のシックスフォーム（大学進学準備教育課程：sixth form）を経て大学に入り，大学は通常 **3年間**で卒業する。この最後の5年間が高等教育である（資料編 1-1 参照）。

　イギリスの高等教育機関（Higher Education Institutions: HEIs）である大学（university）については，フルタイム学部学生の一般的な大学入学資格には，GCE（General Certificate of Education）・A レベル 3 科目が必要である。また，大学入学以前にすでに高度な専門化が進んでおり，この中等教育からの高度な専門化の結果，医・歯・薬学系諸学科を除き，学士号 3 年，修士 1 年，博士 5 年という他国と比較し，かなり短期間での学位取得が可能となっている。

1）本書の中で，「イギリス」が指す範囲は，狭い範囲ではイングランドとウェールズ，広い範囲ではグレート・ブリテン（Great Britain: GB ＝ イングランド，スコットランド，およびウェールズ），さらには，ユナイテッド・キングダム（United Kingdom: UK ＝ GB に北アイルランドを加えたもの）を指す。教育制度に関しては，イングランドとウェールズの教育を意味する場合がほとんどである。説明する内容や状況によって変わるため，注，あるいは本文中で，必要に応じてその都度その領域を提示する。

また，第一学位（大学に入学し最初に学ぶ学科による取得学位）の典型的な
コースは，単一学科優等学位（honours degree）コースであり，大学では学士
号取得を目指してひとつの専門分野を極めることが通例とされてきた。

　ジョイント・コース（例：Philosophy, Politics, and Economics（PPE））と呼ば
れるいくつかの学科を並行して学び，最終的に複合優等学位（joint honours
degree）を取得するコースもできたが，優れた能力は単一科目に関する専門的
能力であると考えられており，優等学位は通常単一科目の学位に与えられる
のが伝統であった。

　複合優等学位としては，ケンブリッジのトライポス（全く関連のない科目2
科目の履修），オックスフォードのグレイツ（古代ギリシャ・ローマの歴史，文学，
哲学の履修），モダーン・グレイツ（現代政治，哲学，経済の履修）が代表的な
ものである。

　1992年以前には，大学を頂点とする高等教育機関は，大学と非大学高等
教育機関が相互補完する形となっていた。その非大学高等教育機関に相当し
ていたものに，ポリテクニク（polytechnics）が挙げられる。地方教育当局（Local
Education Authorities: LEAs）が管轄し，学位授与権はもたないが，大学が主に
学術を教えるのに対し，ポリテクニクは，大学レベルの高度職業人養成機関
としてパートタイム学生や成人学生に実学を中心とした職業教育を実施する
機関であった。このポリテクニクは，1960年代（日本では高度成長期）に，継
続教育機関の中の上級機械工学校や技術学校と教員養成カレッジが統合され
たものである。当時，約30のポリテクニクが創設された。

　そして，これらポリテクニク，高等教育カレッジ，インスティテュートや
ユニヴァーシティー・カレッジが，1988年教育改革法および1992年継続・
高等教育法により，1992年以降「大学」という名称をつけることが可能と
なり（大学に昇格），大学が急増することとなった。例えば，オックスフォー
ド・ブルックス（Oxford Brookes）大学やマンチェスター・メトロポリタン
（Manchester Metropolitan）大学，本書第2章で語られるポーツマス（Ports-
mouth）大学などが，ポリテクニクから昇格した代表的な大学である。

職業教育については，第5章で説明するためここでは割愛する。

　コミュニティ・カレッジは，これとは全く別の教育であり，生涯教育（Lifelong Learning）と呼ばれているが，1998年まではアダルト・エデュケーション（Adult Education）と呼ばれていた。ただし，大学で生涯教育を行っている場合がある。

　生涯教育以外にも，学士・修士・博士の学位を取得できるオープン・ユニバーシティ（OU）やビジネス・スクールがある。OUは主に通信教育であるが，教育水準は高く，多くの受講生が在籍し，質問の回答方式やカウンセリングの体制が整っており，また，満足度などの評価データは常に収集・管理され，受講生の満足度は非常に高い。イギリス内ばかりでなく一部海外（コモンウェルス[2]からの学生が多い）の受講生も在籍している。

　OUでは，IT技術を駆使した教育が実施されており，Covid-19による影響を多々受けている現状において，日本の教育にとっても参考にすべき点がたくさんあるといえよう。

2. 1992年継続・高等教育法による高等教育界一元化の背景

　高等教育一元化の背景には，以下の5点があると考えられている。

① 大学進学希望者が増加したために，国策として大学数や大学進学者数の拡大を視野に入れる必要がでてきたこと

② パブリック・セクターを担うポリテクニクが政府の公共費の管理方針に適合していたこと

③ 政府の対抗勢力である地方教育委員会の力を削ぐこと

④ 大学と非大学とを同じ枠組みの中で競争させることで公的財源の有効利用を図ること

2）コモンウェルス：イギリス連邦（Commonwealth of Nations）
　1926年のバルフォア報告書と31年のウェストミンスター憲章により成立した。「地位において平等であり，国内あるいは対外問題のあらゆる点において他に従属しない，イギリス帝国内の自治共同体」と定義されている。現在54か国が加盟している（川北・木畑編 2000）。その加盟国の中で現在もイギリスの君主を自国の君主として戴く国を"Commonwealth realm"と呼んでいる。

⑤ 機能的にも構造的にも，また，教育課程における教授内容にも大学に類似してきた准大学高等教育機関を大学に昇格することで，大学セクター内での機能分化を求めたこと

　ここでは上記の背景を踏まえ，主に政治状況について追ってみよう。

　1979年に総選挙によりサッチャー（Margaret Thatcher）を党首とする保守党政権が成立した。ウィルソン内閣の福祉政策を批判し，競争原理を導入したヒース元首相のネオ・リベラリズムを引き継ぎ，彼以上に反労働党政策を積極的に進めていく彼女の政策は「敵対政策（adversary politics）」と呼ばれ（King 1985: 108），保守党内閣が実施してきた福祉政策の縮小や自由主義市場政策の復活，公共支出の削減，地方行政への介入，教育に対する中央統制，労働組合の改革等の政策が保守党内閣において次々と実施されていくことになった。

　サッチャーは政策実施に当たり，小さな政府を標榜することで経済の立て直しを図った。小さな政府を望むならば，本来ならば地方分権を拡大し，放任することが最適であるはずである。しかし，政府は地方自治体に権力の移譲を行わず，逆に地方自治体への統制力を強化することで1980年代の経済

オールソウルズ・カレッジ（オックスフォード大学）

沈滞の時期を乗り越えようと試みた。外観はあたかも地方分権を拡大するように見せながらも，実質的には地方自治体からその力を民間組織や個人に移行し，地方自治体の力を削ぐという脱集中化を行ったのであった。その結果，地方自治体の力は弱まり，政府の政策が大幅に促進されることになった。

　このサッチャー政権成立以降，市場原理と結びついた大小の教育改革を経て，イギリスの大学も大きく変わってゆく。政府の公的資金の増加を望めないままに，1992年継続・高等教育法による高等教育の一元化により，旧大学と新大学が公的補助金獲得のために厳しい競争を始めたのだ。

　教員側には研究および教育評価に伴うストレスや対処すべき事務作業が山積する一方で，研究時間や学生への教育指導の時間が削減されるといった問題が，また学生側には，授業料のためのアルバイトによる研究時間の不足，教員対学生比の増大といった問題が引き起こされた。

　最終的には，一方では定年退職前に職を辞する教員が，また一方では大学進学や大学院進学を諦める学生が出てきたのであった。

3. イギリスの大学ガバナンス
(1) 大学ガバナンス改革の動向

　1985年の3月にイギリス大学長委員会 (Committee of Vice-Chancellors and Principals: CVCP，現イギリス大学協会 (Universities UK: UUK)) が，大学運営に焦点を当てた報告書『大学の効率性の研究のための運営委員会報告書』(通称『ジャラット報告書』) を公刊した。本報告書は，学長を先頭に大学自らが改革を提唱したところに意味があったが，『ジャラット報告書』では，学内の自己改革を遅延させる強固な学内自治が，教員自らが守るべき大学の将来設計や将来的発展を阻害しているとし，**学長やカウンシルの権限を拡大**する方向性が示された (CVCP 1985: 35-36)。

　1992年継続・高等教育法によってもたらされた高等教育界一元化による大学数と学生数の急激な増加は，もちろんイギリスの教育に大きな影響を与えた。その影響は，初等・中等教育をも含む教育全般にわたる質，研究の質，

大学の質，大学生の質，そして大学のガバナンスそれ自体にまで及んだ。特に，1994 年から開始された研究評価結果は，旧大学（Pre-92 University：1992年以前からの大学）と新大学（Post-92 University：1992 年以降大学に昇格した大学）との間に横たわる研究格差を社会に明らかにすることとなったのである。

　大学においては効率的運営および外部資金獲得という側面が強調され，2003 年には英国銀行（Bank of England）の外部委員であったランバート（Richard Lambert）により，『ジャラット報告書』以降初めて大学運営に焦点を当てた『ビジネスと大学との協働のためのレビュー』（通称『ランバート報告書』）が提出された。本報告書は主に，次の 4 点，a）ビジネスに繋がる研究開発の実施，b）大学がビジネスに乗り出し，産業界との協働を促進することで産まれる多様かつ新たな商業形態の明示，c）既存の大学との共同研究で成果を挙げている例を公開すること，そして，d）大学内外において大学とビジネスに関する議論や，政策形成のための大学への進言等の実施，を提言した（Lambert 2003: 12）。その後，中央政府は大学の効率的運営を企業の取締役会と同質の管理運営方法に求めたために，本報告書の内容について大学内外でさらに活発に論じられることになった。高等教育政策の中で『ランバート報告書』の勧告項目が中央政府により強力に推進された理由のひとつとして，**大学がビジネスの一環として運営されることで大学と経済界との連携が促進され，イギリス経済のみならず大学にも恩恵がもたらされると期待されたことが挙げられる。**

　まえがきにも記したように，筆者は大学一元化からちょうど 5 年後の1997 年に『デアリング報告書』[3]が発表されると同時にインタビュー調査を実施したが，このオーラルヒストリー的調査だけではなく，2013 年には数的要素を取り込んだ調査に基づきながら，大学一元化以前と以降の新大学を含む「大学」のガバナンスの変化を把握しようと統計的調査も実施した。以

3）『学習社会における高等教育』，通称『デアリング報告書』は，保守党政権下にデアリング卿（Sir Ron Dearing）を議長として組成された高等教育調査委員会によって作成されたもので，21 世紀のイギリスの高等教育のあるべき姿，イギリスにおける高等教育の改革方針を示すものである。

下では，その成果に基づき大学の類型別ガバナンスの特徴をみてみよう。

(2) 類型別大学ガバナンスの特徴

筆者が訪問調査および文献調査を実施した大学の大学および教学ガバナンスについては，大きく「**カレッジ (College) ガバナンス (①)**」，「**委員会 (Key Organ) ガバナンス (② + ③)**」，「**米国型ガバナンス (マンチェスター大学) (④)**」，「**理事会 (Board of Governors) ガバナンス (⑤)**」の 4 類型にまとめることができる。それぞれ以下のような共通性や異質性が認められた。

表序-1，2 をみながら，各類型の特徴を以下に簡単に説明しよう。

①を代表する大学は，カレッジガバナンスを実施しているオックスフォード大学で，カレッジの総合体の総称がオックスフォード大学である。各カレッジは大学事務局とは別に個別の管理運営体系を敷いており，各カレッジ，カレッジ協議会 (Conference of Colleges)，そして大学事務局との間の協議

表序-1　大学ガバナンスの 4 類型

類型名		カレッジ ガバナンス	委員会 (Key Organ) ガバナンス		米国型 ガバナンス	理事会 ガバナンス
大学類型		①総合大学Ⅰ・ 研究大学	②総合大学Ⅰ/ Ⅱ・研究大学	③准研究大学 A／B	④准研究大学 A／B	⑤准学士号 授与大学
調査対象大学		オックスフォード	ヨーク，ブリストル	シェフィールド，バース	マンチェスター	オックスフォード・ブルックス，グラモーガン，デ・モントフォート
調査項目	大学の対外的自律性	◎ カウンシルの上位に位置するコングリゲーション（教員全員参加＋上級職員，学生代表）が最終決定権を有する	○ "still enjoys a high degree of autonomy from gov't" (York)	○ 「大学にとり大切なことは，課題に立ち向かおうとする文化の創出です」	△ アカデミック 8 名に対し，学外者が 14 名を占める理事会の権限が強	× 地方行政からの意見が重視される傾向
	学長権限 （学内自治）	弱 （どのレベルにおいてもコンセンサスを重視，学長裁量経費は無，学長年限は 5 年＋2 年可）	中 （シニア・チームとの共同統治だが，コンセンサス重視，学長年限に制限無）	中 （シニア・チームとの共同統治，コンセンサス重視）	弱 （理事会の権限が強い）	強 （学長を中心とする執行委員会が大学の方向性を決定，しかし理事会が最終決定権を有する）

注：①～⑤どの大学においても学長単独での決定権は無い。

（出典）秦 2013：17.

表序-2　教学ガバナンスの4類型

	類型名	カレッジガバナンス	委員会（Key Organ）ガバナンス		米国型ガバナンス	理事会ガバナンス
	大学類型	①総合大学I・研究大学	②総合大学I/II・研究大学	③准研究大学A／B	④准研究大学A／B	⑤准学士号授与大学
選考方法	学長および副学長	➤ 選考委員会を立ち上げ，学内外，国内外からアカデミックを公募（ヘッドハンティング会社を利用） ➤ 内部者が多いが，その理由は彼らが既に副学長や学部長経験者であるため ➤ ブリストル大学は，学内から選出				学長と理事会が選出
	学部長	➤ ディビジョンと学部が選考 ➤ 学内に適任者がいない場合には学外から任用	学部の全教職員の意見に基づき，学長を含む少人数の委員会で決定	学科長の選考方法は学部長が指名する形式であるが，学内募集が一般的	公募でも学内応募でも可(学部で決定)	学長の意向をくみながら学部長が選出される。権限も非常に強い
	教学担当機関（セネトの下部組織が実質的な動きをする）	カウンシルの中に教育委員会（教学委員会として独立させる方向）が存立	大学教学委員会（University Teaching Committee：UTC）が中心	全学的な教学委員会（Learning and Teaching Committee：LTC）および，各学部にもLTC	全学的な教学委員会（Teaching and Learning Committee：TLC）が重要な役割を果たす	各学部（4）に副学長／学部長が配置され，この4名が責任を持って動かす
	教学支援職員	副学長支援チームで構成され，機能的に動く	職員はプロフェッショナルの意識が非常に高く，企画案など積極的に取り組む。学内外の研修も受けている		専門支援職員が配備され，機能的に活動。研修も受ける	研究に軸足を変更しようとしており，教学面は手薄

（出典）秦 2013：18.

により大学および教学ガバナンスの在り方が決定されるため，「カレッジ（College）ガバナンス」と名づけた。

②および③を代表する大学は，大学ガバナンスについては学長と学長を支援する組織であるシニア・マネジメントチームを，また，教学ガバナンスに関しては全学的な教学委員会を必須の組織として有しているため，「委員会（Key Organ）ガバナンス」と名付けた。

④の「米国型ガバナンス」の名称は，マンチェスター大学自らがHPにおいて米国型であると言明しているため，それに基づき類型の名称として使用した。

⑤の「理事会（Board of Governors）ガバナンス」は，1992年以降に大学に昇格した新大学において特徴的に見受けられる理事会が大きな権限を有する

ガバナンスで，日本の私立大学の理事会に極めて類似したガバナンス経営と
もいえる。その代表例として調査ではデ・モントフォート大学，オックス
フォード・ブルックスおよびグラモーガン大学を対象とした。

　なお，イギリスにおける大学ガバナンスを担う学内組織について，その基
本形を説明しておく。それは，コート（Court），カウンシル（Council），セネ
ト（Senate）の3組織である。この3組織の名称および機能は伝統的大学（オッ
クスフォード大学，ケンブリッジ大学），旧大学（伝統的大学を含む1992年以前
から存在する大学），新大学（1992年以後大学に昇格した旧ポリテクニク）によっ
て若干異なるものの，基本的機能については共通している。

　コートは大学運営に関するすべての事項に関する学内外の関係者の総意を
得る場である。カウンシルは大学の執行部かつ経営母体であり，経営全般に
関する決定権をもつ。具体的には，(1) 戦略的計画，構造改革，資源配分，
説明責任という点を中心に，大学の運営管理に責任をもつこと，(2) 学術上
の問題や大学の将来構想を点検し，それに応じた資源配分をする，といった
基本機能がある（CVCP 1985: 35-36）。セネトは全教員および学生代表を主た
る構成員とする，教育と研究に関する決定機関である。なおカウンシルは日
本の国立大学における経営協議会，セネトは同じく教育研究評議会に類する
ように見えるが，両者は異なっており，イギリスのそれらは，前者は経営運
営管理の面において，後者は教育研究の内容面においてそれぞれ**決定権を有
する**ことが非常に重要な相違点であるといえる（従来の資源配分に変更を迫る
ような事項についてはカウンシルおよびコートの承認を必要とする大学が多い）。
コートは日本の国立大学における役員会，または私立大学における理事会に
類するが，日本のそれと大きく異なるのは過半数を学外者が占めるよう学則
で定められていることである。以上の3機関とも学生代表が参加している点
も日本とは異なる。

　大学ガバナンスの類型比較から理解されることは，大学の対外的自律性お
よび教員の自治は，①から⑤方向に進むほど弱くなり，逆に学長権限は①か
ら⑤方向に進むほど強くなる。例えば，研究大学のトップであるオックス

フォード大学では，本部，学部，学科どのレベルにおいても決定は全員のコンセンサスを得てのもので，投票で決められることはないということである（2012年5月のハミルトン学長とのインタビューにて）。もちろんコンセンサスを得るための話し合いが繰り返される。しかし，大学にとって何がベストであるか，という点で一致する限りにおいて話し合いでの決裂はあり得ないということである。

また，どの大学においても教学面で中心となる委員会が立ち上げられ，その委員会の下部組織の下位委員会および一般教員，教学支援職員との連携を通して，教学面での教育体制が徹底されていることである。

①から③では，教学支援職員の意識も非常に高く，学内外での研修も必要に応じて受けている。しかし，④および特に⑤に関しては，教学面の人材も支援も不足している傾向がある。

また，新大学において多々見受けられる理事会ガバナンスであるが，例えば訪問調査を実施したオックスフォード・ブルックス大学の理事会（Board of Governors）の構成員を眺めてみると，構成員20名の内，学外識者の理事が10名，教育担当の学内理事1名，非教育担当の学内理事1名，学長，学生自治会長1名，4名の陪席者（副学長2名，財務・法律担当責任者1名，持ち回りで副学長か学部長1名），他に事務担当者1名と秘書が1名という人員構成になっている。実質決定権を有する構成員は，学生自治会長までの14名であり，彼らが大学経営において多大な影響力を有するのである。

また，旧大学，新大学ともに教育の質を維持するための支援体制が整っていることを最後に付言する。

【引用文献】

川北稔・木畑洋一編（2000）『イギリスの歴史—帝国＝コモンウェルスの歩み』（有斐閣アルマ）有斐閣。

秦由美子（2013）『イギリスの大学におけるガバナンス』広島大学・高等教育研究開発センター叢書，第121号。

Committee of Vice-Chancellors and Principals (CVCP) (1985) *Report of the Steering*

Committee for Efficiency Studies in Universities. London: CVCP.

King, A., ed. (1985) *The British Prime Minister*. London: Macmillan Press.

Lambert, R.（2003）*Lambert Review of Business – University Collaboration: Final Report*. London: H. M. Treasury.

歴史学部（オックスフォード大学）

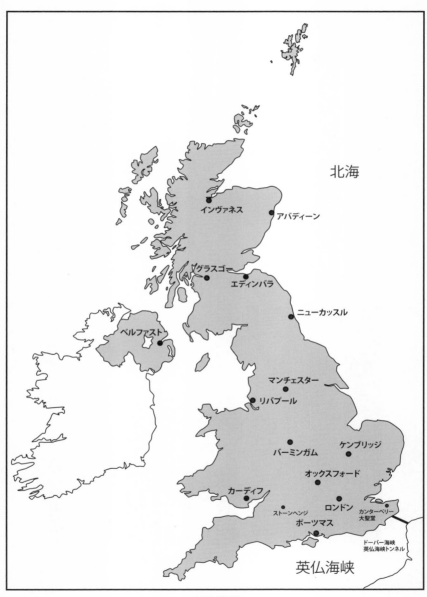

北海

インヴァネス

アバディーン

グラスゴー

エディンバラ

ニューカッスル

ベルファスト

マンチェスター

リバプール

バーミンガム

ケンブリッジ

オックスフォード

カーディフ

ストーンヘンジ

ロンドン

カンターベリー
大聖堂

ポーツマス

ドーバー海峡
英仏海峡トンネル

英仏海峡

UK 地図

第 **I** 部

学長の目を通したイギリス

第1章
理想の大学とは

ピーター・ノース (Peter North)
オックスフォード大学・学長／ジーザス・カレッジ長*

1936 年生まれ
1959 年オックスフォード大学（キーブル・カレッジ）卒業（市民法）
1961 年より 63 年までウェールズ大学・レクチャラー
1963 年修士号（市民法）（オックスフォード大学）
1963 年より 65 年までノッティンガム大学・レクチャラー
1965 年より 76 年まで法学部テューター
1976 年博士号（市民法）（オックスフォード大学）
1965 年より 84 年までオックスフォード大学キーブル・カレッジ・フェロー
1984 年よりジーザス・カレッジ長
1988 年より 93 年までオックスフォード大学・学長代理
1993 年より 97 年までオックスフォード大学学長
主著：*Private International Law of Matrimonial Causes*, 1977. *Contract Conflicts*, 1982. *Cheshire and North's Private International Law*, 12th edn., 1992. *Private International Law Problems in Common Law Jurisdictions*, 1993. *Essays in Private International Law*, 1993.

> 大学とは政治的・経済的な利点がない研究を行うに
> 最も相応しい場所でもあるのです

——政府と大学の関係は，サッチャー政権後変化したでしょうか。また，政府と大学の在り方をご自身はどのようにとらえておられますか。

　どの政権政党にたいしても，大学がもち続ける大きな関心事のひとつに中

＊以降，各インタビュイーの肩書き，経歴はインタビュー当時のものである。

央政府からの圧力や干渉に対する危惧があります。大学の自主性は守られなければなりません。しかし，政府は政治的に利点がないことには反対する一方で，政治的に人気があることには賛同して資金を拠出するという傾向があります。しかし**大学とは，政治的に利点がないことを行うに最も相応しい場所でもあるのです**。政治的に利点がないということが，すなわち社会にとって重要性がないという意味ではなく，社会に認知されぬまま，無意味だとみなされていたことが結果として重要なものを生み出すこともあるのです。その例として70年前のオックスフォード大学の研究例を挙げてみましょう。

　あなたが70年前にオックスフォードの理学部を訪れたならば，研究室の片隅で面白い光を実験していたグループに気づいたはずです。その際彼らに「あなたたちが研究しているものは実生活で何の役に立つのですか」と尋ねても，彼らは「別に……。何かにその光は利用できるんじゃないかな。そんなに重要なことではないかもしれないけれど，私たちは光について研究しているだけです」と答えたことでしょう。果たして誰がレーザーの研究だと予測できたでしょうか。光に関する彼らの研究が大学で許されていなければ，私たちはCDも，眼科手術も，高精度の測量技術も手にすることはできなかったのです。そのための主要な研究がここオックスフォード大学で行われていました。そして，物理学者によってなされたその光についての研究成果が，その後世界中で認知されるところとなりました。しかし，政府ならば短期的に成果が期待できないような実験に資金の援助をしたでしょうか。「そういった研究は我々の求める経済的発展というテーマに合致しないので，光についての研究を中止し，広範な利益を生み出す研究に専念しなさい」と言ったのではないでしょうか。

　人類の一般的な利益に繋がるかどうかわからない領域にも時間とお金を費やすことは必要です。なぜなら，科学者の続けてきた小さな歩みの繰り返しによって人類の技術も進歩するのです。政治家はこの重要性を理解できていないのではないでしょうか。

　研究のために数百万ポンドの研究費が拠出され，研究設備やスタッフの給

料に費やされたにもかかわらず，研究終了時点で目に見える成果が何もな
かったとします。しかし，**目に見える成果だけを求めすぎることは知的努力
に対する冒瀆<ruby>冒瀆<rt>ぼうとく</rt></ruby>でもあるのです。目に見えるような物質的な成果はなくても，
その研究で書かれた論文が，その研究分野の新たな広がりを生み出すに違い
ありません。**

> イギリスの社会は我々の大学によって
> イギリス社会にもたらされた恩恵を認識していません

**——1992 年に行われた高等教育界の一元化に対する批判，あるいは大学が社
会においてどのようにとらえられているのかについて意見をお聞かせ下さい。**

　1990 年代に当時の保守党（Conservative Party）政府が，新しい視点で大学を
見直したことは正当に評価されるべきことだと思います。大学にかける国の
予算額が増えない中で，多くの大学を設立するために各大学にとっては莫大
な額の公的資金の削減が実施されました。つまり大学への補助金や研究費用
を削減するという方針を打ち出したことを指します。オックスフォード大学
においても，あまり立派な建築物とはいえなくなった学生寮などがあちこち
に建っていますが，それらを維持するには莫大な費用がかかり，公的資金で
維持する余裕もなくなってきています。

　労働党（Labour Party）政府が福祉国家を作り出したことは偉大ですが，し
かしこの時期，教育費無償という労働党の主政策を放棄するといった辛い決
断を下さなくてはならなかったのです。戦後近代的教育システムをもたらし
た保守党にしても，学費を払うことによって最も影響をこうむることになる
のは支持母体の中流階級です。私の友人のサザンプトン大学の学長[1]は，テ

1）ハワード・ニュービー（Howard Newby）を指す。彼はサザンプトン大学の学長であるとともに，
　イギリス大学長委員会（Committee of Vice-Chancellors and Principals: CVCP，現イギリス大学協
　会（Universities UK: UUK））の会長でもあった。

表 1-1　イギリスの二大政党

労働党と保守党ともにいかに力が拮抗しており，互角に政権を執りあっていたかを知るために，1945 年から現在までの政権党およびその党首を示しておく。

歴代政権	首　相	在任期間
労働党	アトリー（Clement Attlee）	1945-51
保守党	チャーチル（Winston Churchill）	1951-55
保守党	イーデン（Anthony Eden）	1955-57
保守党	マクミラン（Harold Macmillan）	1957-63
保守党	ダグラス＝ヒューム（Alexander Douglas-Home）	1963-64
労働党	ウィルソン（Harold Wilson）	1964-70
保守党	ヒース（Edward Heath）	1970-74
労働党	ウィルソン（Harold Wilson）	1974-76
労働党	キャラハン（James Callaghan）	1976-79
保守党	サッチャー（Margaret Thatcher）	1979-90
保守党	メイジャー（John Major）	1990-97
労働党	ブレア（Tony Blair）	1997-2007
労働党	ブラウン（Gordon Brown）	2007-10
保守党	キャメロン（David Cameron）	2010-16
保守党	メイ（Theresa May）	2016-19
保守党	ジョンソン（Boris Johnson）	2019-

レビ番組の中でサッチャー政権時に大学への公的資金は 30％削減されるだろうと言っていました。経費の高騰と公的資金の削減により大学は経済的に厳しい状況にあります。こういった状況が産業界で起これば，たいていの企業は倒産してしまうでしょう。ほとんどのイギリス人が，イギリスの大学がイギリスにもたらした恩恵を認識していないように思います。

──自然科学系の分野での研究費は相当額になろうかと思われます。オックスフォード大学においてはどのように補助金を集めておられるのでしょう。

　大学は，科学研究のために多くの基金を集めています。私たちの感覚において「科学」の領域とは，医学，生命科学，自然科学といった領域です。1996 年の秋に終了するアカデミック年度の収入は 1 億 400 万ポンド（約 156 億円）で，大学の 1 年間の研究資金としてはかなり大きな額といえましょう。確かに生命科学分野にかなりの額が集中しているといった片寄りがありますが，科学分野には多額の資金が必要です。

高度な高等教育を維持するには
多額の資金がどうしても必要です

　政府は前回決定された金額を維持するつもりであると表明しています。このことは少なくとも 1，2 年は大学への補助金が大きく削減されるということです。デアリング委員会はそれが社会状況の変化によるものであり，受け入れざるをえないものであると主張していますが，やはり補助金削減は極力抑えねばなりません。このままでいくと削減幅は 2 年にわたり 6.5% にもなりますが，4.5% 以内に抑えなくてはなりません。

〈研究評価（Research Assessment Exercise：RAE）への批判〉

　RAE の目的は「研究補助金配分の際の判断基準となる」というものである。最高の評価を受けた機関の補助金を大幅に増額すればコストパフォーマンスや投資利益率があがるとしているが，これは検証が行われていない仮説にすぎない。この仮説に異議を唱える研究がオーストラリアで行われており，それによると中間レベルに位置する者は最高レベル者より懸命に研究に励み「費用に見合う高い価値」を出す（Grichting, 1996: 29）ことが示されている。「ビッグサイエンス（巨大な投資を必要とする科学）」を研究するのであれば，補助金を集中させる必要もあるが，小さなプロジェクトのほうがユーザーに近く，知識の移転が容易になり，貢献が見込まれるという分野も数多くある。例えば地域経済再生のように，ひとつの政策でありながら複数の省庁が監督する案件では小さなプロジェクトの方が貢献できると考えられる。また，補助金を集中させることで研究を行うグループの数が減少し，その結果，あまり実績のない組織や研究者が挑戦する機会が少なくなる恐れもある。
　評価尺度の説明は以下の通りである。
　　5* 提出された研究活動の半数を上回るものが，国際的に卓越した水準にある。残りについても国内的に卓越した水準にある。
　　5　提出された研究活動のうち，最大で半数が国際的に卓越した水準にある。残りのほぼ全てについても国内的に卓越した水準にある。
　　4　提出された研究活動のほぼ全てが国内的に卓越した水準にある。一部に国際的に卓越している根拠を示す。
　　3a 提出された研究活動の 3 分の 2 を上回るものが，国内的に卓越した水準にある。国際的に卓越している根拠を示していると思われるものもある。
　　3b 提出された研究活動の半数を上回るものが国内的に卓越した水準にある。
　　2　提出された研究活動のうち最大で半数が国内的に卓越した水準にある。
　　1　提出された研究活動のうち国内的に卓越した水準にあるものがまったく，もしくはほとんどない。（HEFCE, 1999）

政府の補助金システムが極めて厳しい状態は理解できますが，現在の大学は未来の大学のあるべき姿ではないのです。もしも大学がこの危機を乗り越えることができれば，二度とこのような危機は起こって欲しくはない。私たちが最初で最後の経験者となりたいものです。私は学長の立場から，事実，高等教育システムには多額の資金が必要なことを強調したいのです。

――日本の大学においても補助金を集めることが学長の重要な仕事であり，有能さを示すひとつの指標になってきておりますが，イギリスの大学ではいかがでしょうか。

　オックスフォード大学は国際的な名声のある大学です。基金の調達のために大学は 1980 年代後半から 1994 年まで大々的にキャンペーンを展開し，6 年間で 3 億 4,000 万ポンド（約 510 億円）の基金を目標としました。無条件で政府が取り上げることも可能な公的補助金の単なる代わりというだけではなく，自発的な寄贈者という点においても非常に重要なことでした。

　私は世界中の人々にオックスフォード大学の有能な知性と素晴らしい科学的成果を支持してくれるように説得にいく予定ですが，こういった資金集めを全ての大学の学長ができるわけではありません。幾人かの学長は，このような大学の危機から脱出する方法として学生の授業料負担を提案した結果，

シェルドニアン・シアター（オックスフォード）

政府の同意によってデアリング委員会が設立され，『デアリング報告書』の勧告に従い，学生 1 人につき年間 1,000 ポンドの学費を学生が支払うということになったのです（その後，3,000 ポンド，そして 2012 年からは最高 9,000 ポ

❧ コラム ❧

オックスフォード大学の経済波及力

BIGGAR Economics の調査によると（*Economic Impact of the University of Oxford*），オックスフォード大学の地域，国，世界的な経済波及力について，

- 国家財政への貢献額は，22 億ポンド
- 学生の消費経済は，8,000 万ポンド
- 大学のサイエンスパークを含むビジネス，産業界への経済効果は，4 億 3,900 万ポンド
- 観光業や文化への経済効果は，5,800 万ポンド
- Oxford University Press（出版社）の経済効果は，3 億 8,300 万ポンド
- 同窓生からの経済貢献は，4 億 3,200 万ポンド

となり，全体として考えると，オックスフォード大学が 1 ポンド収入を得ると，その 3.3 倍の 3.3 ポンドをイギリス経済に広く還元していることになるといわれている。

オックスフォード大学はまた，地域経済にも大きく貢献しており，オックスフォード州の経済に毎年 23 億ポンドの収益をもたらすと同時に，33,700 人の雇用に繋がっている。

（出典）https://www.ox.ac.uk/about/facts-and-figures/economic-impact（2021 年 3 月 10 日最終閲覧）

※本書では，1 ポンドは 150 円として換算

表 1-2　各地域の人口

国	人口（2016）	イギリス人口の割合
イングランド	55,268,100	84.2%
スコットランド	5,404,700	8.2%
ウェールズ	3,113,200	4.7%
北アイルランド	1,862,100	2.8%

（出典）HEFCE 2020.

ンドの学費徴収となった)。

──学生の学費負担についてはどのように考えておられますか。

　デアリング委員会の考えによると，学費は学生の大学卒業後に分割で返済していき，卒業生は大学進学したことで得たプラス効果と，大卒という経歴が将来彼らの仕事にもたらすプラス効果を考えて学費を支払うわけです。卒業生が支払う学費は均一で，すべての卒業生に適用されます。

　しかし，新聞記事によると，政府は，両親の年収が 1 万 6,000 ポンド（約240 万円）以下であれば学費を払わなくてもよく，3 万 4,000 ポンド（約 510 万円）以上であれば学生は全額支払うことになっています。この間はスライド制が適用されますが，まったくお金を支払わない学生のための学費は，どこから捻出されるのかは不明です。その費用を大学が支払うというのであれば，大学が単に収入を減額されたことになります。

　『デアリング報告書』の主旨は，まったく逆ではないでしょうか。大学側は貧しい学生の入学を心配していましたが，卒業以降返済する学費ローンシステム（Student Loan System）の導入で，貧しい学生は大学に入学しやすくなったわけです。デアリング委員会の回答は，奨学金システムがあるわけだから，その奨学金によって学生が将来何になるのかが重大なのであって，学生の家庭が貧困か貧困でないかは問題ではないということでしょう。

　労働党政府にとっては，政治的に受け入れ難いものかもしれませんが，貧しい学生から学費を徴収しないとするならば，大学側は学費を支払えない学生を入学させる余裕がないとして入学を拒否する，といった非常に大きな問題を引き起こすリスクも生じることでしょう。私は政府が無知だとは思いませんが，両親の年収が 3 万 4,000 ポンド以下の場合，全額あるいは部分的に免除される学費を誰が支払うことになるのかを考えてもらいたいものです。以上私が述べたようなことも必ず議論になることでしょう。

　重要な論点は，貧しい学生が高等教育を受けるために，富裕な学生から 1 人当たり 1,000 ポンド徴収せざるをえないという点です。政府からの補助金の減額により不足する資金のために，豊かな家庭の学生が学費を支出すると

いうことは正当化されていいことでしょうか。

——オックスフォード大学全体にかかる費用，そしてカレッジ[*1]の財源との関係，およびその双方はどのような仕組みで動いているのでしょうか。

　タイムズ誌は毎年１度，オックスフォードやケンブリッジ大学のカレッジの費用や財政構造についての記事を載せております。独立した複数のカレッジ（39のカレッジやホール）からなる大学であるために，オックスフォードやケンブリッジは大学として中央政府から直接または間接的に補助金や授業料を受け取ります。カレッジもまた，公的資金を授業料（学生１人あたりの授業料×学生総数）として受け取ります。したがって２つの経路で公的資金を受け取ることになり，一方はカレッジへ，また一方は，資金の大半になりますが，大学に流れていきます。これら公的資金はすべて教育と研究のための費用です。カレッジへの収入を考慮して，大学への補助金援助を50％縮小しており，それによってカレッジの授業料収入の50％が確保できるわけです。およそ1800万から2000万ポンドです。

> テュートリアル制度などの少人数の教育システムには，
> コストがかかりますが，それが良いものであれば
> コストがかかっても仕方がないのです

——『デアリング報告書』の中で，オックスフォードやケンブリッジは，他の大学に比べ別格といいましょうか，別枠であるがゆえに財源問題で政府から標的にされたのでしょうか。

　巨大な大学組織であるオックスフォードやケンブリッジにおいても，このような２種類（大学とカレッジ）の財源を統一すべきという議論があり，常に繰り返される争点ともなっています。つまりカレッジではなく大学側に資金をすべて集約すべきかどうか，という議論です。『デアリング報告書』により論争が再燃したとしても，なんら驚くにはあたりません。ケンブリッジ大

表 1-3　オックスフォード大学・学生数（2019/20 年度）

Undergraduates	11,930
Postgraduates	11,813
Graduate Research Students	6,100
International Students（%）	43
Total International Students	6,772
Male/Female Ratio	1：0.86
UG/PG Course Ratio	1：2.18

（出典）https://studyabroad.shiksha.com/uk/universities/university-of-oxford（2021 年 3 月 10 日最終閲覧）

学と同じく 2 方向からの収入を得るシステムを続けるかどうかは，政府と議論しなくてはならないでしょう。

　他大学の学長たちはオックス・ブリッジだけがなぜ優遇されねばならないのかと言っていますが，それに対する答えは，「私たちの大学はテュートリアル制度などのユニークな教育システムや，ユニークな複数のカレッジからなる構造を維持しなければならないからだ」と言いたい。私たちの大学は，非常に多くの知的な利点を有しているのですが，それゆえにコストがかかり，そのコストを省くことはできないのです。これは非常に簡単な回答ですが，大きな問題でもあります。

──オックスフォード大学はどのように組織・構成されているのでしょうか。

　オックスフォードでは，39 の学寮（カレッジやホール）がそれぞれ独立した自治運営を行っているため複雑になっています。学部生や大学院生の入学許可は学寮が行いますが，主要な決定事項は大学が中心となって行っています。ケンブリッジ大学と同様に「永遠の自治」が保証されている点では，イギリスの他の大学と異なっているといえましょう。

──大学を組織・運営していくための機構を組成していく要人を選ぶ選挙の投票権は，どなたが持っているのでしょうか。

　投票権は常勤の教職員と大学関係者全員が持っており，投票総数は 3000 近くになります。このように我々の組織を運営するスタッフの数は多いのですが，あくまでもそれは総数で，常に全員が集まるというわけではありませ

ん。通常は少数のメンバーで持ち回りによって年に数回，重要な議題につい
て話し合います。私が議長だった時には4年間で4つか5つの議論をしまし
たが，もちろん話し合いをしているうちに，かなりの激論になる場合もあり
ましたね。例えば，ビジネス・スクールを設立するに際し，その設置場所に
関して。また大学図書館のシステム改編の議論もしました。これらの議題に
ついては話し合った後投票を行いますが，投票は直接または郵送です。

──もう少し詳しく大学のシステムについてお聞かせ下さい。

　大学側においては学監の議会（General Board）と呼ばれる組織であらゆるこ
とを議決します。多くの公的権力をもつ組織ですが，実際に権力を行使する
ということはほとんどありません。大学の行政上の通常運営に関する決議は
大学評議員会（Congregation）によって行われていますが，評議員会は大学側
とカレッジ側の意見の食い違いを調整する役割も果たしてきました。現在私
がその議長を務めており，メンバーは大学教員の中から選出されます。大学
評議員会の下部組織として上述の問題の解決を図る学術協議会（Academic
Board）があり，多額の予算が割り振られてきました。またデアリング委員会
とよく似た調査委員会[*2]もあり，大学の運営などについて開かれた形で議
論が展開されています。

ハートフォード・カレッジ（オックスフォード大学）

オックスフォードでは現在，従来から維持してきたシステムを大きく変えようと考えています。特に重要な変更点は，権限を大学システムのかなり下の組織に移譲するという点です。そこにひとつメインとなる研究組織を置き，それを人文・社会科学系と自然科学系と臨床医学系の3つの大きな系に分割するのです。これらの系には，現在中央議会で管理している設備や奨学金などの業務だけでなく，スタッフの管理や予算面における責任も受け渡す予定です。従来は中央議会が非常に中央集権的な管理システム(*3)で運営し，細かい事柄まで決めねばならなかったのです。こういったシステムの改善が能率向上につながるかどうかはまだ確信がありませんが，下部組織に責任や権限を与えることで，仕事についての決定が身近なものとなり自らの役割を確認しやすくなると考えています。

　また現在，中央議会が行っている数多くの煩瑣な仕事を議会から取り除くことで，大学が直面している戦略上の大きな問題に十分な時間をかけて取り組むことができるようになると考えるのです。大局的な問題を見るための労力が，現在は煩雑な仕事によって妨げられているのです。私が今述べていることは突然降ってわいた問題ではなく，すでに大学のさまざまな部署に打診してきました。

──オックスフォードの学長はどのようにして選抜されるのでしょうか。

　1969年以来オックスフォードの学長は，1人の例外を除き，すべて学寮長（カレッジ長）であるというケースが続いてきました。この私もそうです。学長とは現代的用語を使うならば常勤の「チーフ・エグゼクティブ（最高責任者）」で，4年の任期となっています。学長は大学関係者の中から選出されるのですが，学寮長である必要はありません。しかしカレッジや大学において重要な職務経験のない人が任命されることはまずありません。

　学長に就任している4年間は，学長になる前の職務を遂行することができないので，私の場合には代理の学寮長が必要となりました。私はまだ学寮長という肩書きはありますが，残念なことにカレッジでの仕事は全くしておりません。

──オックスフォード大学における年齢問題と早期退職計画について教えて下さい。

　このことは他の大学ではあまり深刻な問題とはいえませんが，オックスフォードでは問題になりつつあります。他大学での教員やスタッフの平均年齢が35歳であるのに対し，オックスフォードでは45歳です。オックスフォードでの役職を得た人というのは，たいていすでに世間で名の知られた人々であり，そのために年を取った人が多いということです。もちろんそういうケースばかりというわけではありません。20代半ばで職を得ている人もいます。また，あまり資金的に余裕のない大学の教授で，欲しい本がその大学の図書館になく，設備も整ってはいない。そのため「私はオックスフォードで講師になりたい。そして本を書く時間や，本を書く材料を手に入れることができる図書館が欲しいんだ」とイギリス各地の大学から多くの教授がオックスフォードの講師のポストへと移ってきました。これは増加傾向にあります。その結果，平均年齢が高くなる原因にもなったので，60歳での早期退職計画を進めました。

　また層の薄い30〜35歳の教員を増やす努力も続けています。しかし，実際上，早期退職計画は財政的にかなり苦しいものがあります。退職金に上乗せした金額をまとめて学部の予算から支払うことになるため，例えば2年分の給料を早期退職者に払うことになれば，その学部は資金を節約する必要が出てき，その結果2年間はまったく人員を補充することができないのです。そのため現在オックスフォードでは，十分余裕ある生活をしている人が着任することを歓迎するようなシステムになっています。

　人員の再配置の問題はガラス職工の問題に似ています。工学部はたくさんのガラス職工を雇っていましたが，職工が必要な世の中も過ぎ去ってしまいました。工学部に多くの職工を雇っている仕事場が2つあるとすれば，一方の職工を電気技師（全く異なる領域の専門家）として再構成できるでしょうか。科学の進歩は非常に早く，人員の再配置や再養成は非常に難しい問題になってきました。そのため早期退職計画が，ひとつの解決手段となったのです。

インタビューを終えて

　イギリスの大学，特に1992年以前から大学として存在していた大学には日本の大学とは比較できないほどの自治が認められているように思われる。確かに資金的には大学運営のための資金の一部または大半を，国が公的資金を用いて援助するわけで，そういう意味では日本の国立大学に相当するものとも考えられるが，実際の運営面に関しては政府の干渉を全く許さぬところがある。特に「永遠の自治」を認められているオックスフォードとケンブリッジは，大学成立の起源から眺めてみても，他の大学とは別格の存在として考えた方がよく，第2章に収められているジョン・クレイブンのインタビューを読めば，同じ学長の立場にありながらも旧大学，新大学それぞれの大学の置かれている状況の違いが非常に克明になってくる。

　確かに，個々のイギリスの大学も依然として，日本の大学と比べれば遥かに大きな自由度と大学としての自治と独立は守られているようである。しかし，大学改革が行われた直後の，厳しい公的財源状態の中で，小規模大学がどのように教育・研究を続け，存続するのかを我々は案じていた。事実，現2021年時点において多数の新大学が統合され，新たな大学に変わってしまったことを顧みると，新大学にとってはサッチャー政権後さらに厳しい状況が続いていたことが理解される。

　しかしながら「人類の一般的な利益になるかどうかわからないことに時間とお金を費やすことも必要なことである」と断言するノース氏の姿勢の中に，また，「目に見える成果だけを求めすぎることは，知的努力に対する冒瀆でもある」と述べる氏の言葉のもつ重みの中に，「学長」という大学の頂点に立つ管理者としての役割以前に，学者としての清々しい生き方とプライド，さらにはイギリスの大学の大いなる進展の可能性を垣間見たような気がした。

1）「人類の一般的な利益になるかどうかわからないことに時間とお金を費やすことも必要なことだ」と断言するノース氏の姿勢に対して，あなたはどのように考えますか？

2）「大学とは，政治的な利点がないことを行うに最も相応しい場所でもあるのです」という考え方について，あなたはどのように考えますか？

3）大学生の学費負担に対する方針に関し，①デアリング委員会と②政府との違いをまとめてください。

4）「人員の再配置の問題はガラス職工の問題に似ています」とは，どういう意味でしょうか？

5）保守党議員であり小説家でもあったベンジャミン・デズレーリの掲げた理想の大学とは，「啓蒙と自由と学問の拠り所（"place of light, of liberty, and of learning"）」である，と言っていますが，あなたにとっての理想の大学とはどのような大学でしょうか？

夢見る尖塔

"And that sweet City with her dreaming spires, She needs not June for beauty's heightening"
By Matthew Arnold

【解　説】

(*1) カレッジ制度

　1826 年にロンドン大学が，また 1834 年にダーラム大学が設立されるまでおよそ 800 年もの間，オックス・ブリッジ（オックスフォード大学およびケンブリッジ大学）だけがイギリスの大学として存在してきた経緯の中で，イギリスの大学の規範となるミッションや機能，教授内容，教授形態，あるいは理想とすべき大学像というものが形成されることになった。その結果，両大学は一般的に「伝統的大学」と呼称され，その後誕生してゆく大学に多様かつ大きな影響を与えることになる。

　伝統的大学の設置根拠や管理運営の枠組みは，法律や設立勅許状による認可ではなく両大学の大学規定（statutes）により定められ，その存在意義は元来，国家に聖職者，教会法学者，学者，教職関係者を供給することにあった。つまり，イギリスの大学の原型ともいえるオックスフォード大学は，財政面では多額の寄附金寄贈者を多数有し，制度面ではチャンセラー（Chancellor：総長[2]）を頂点に，当時の聖職者，教会法学者といった教会が必要とする専門職者を養成し，教会が容認する王権を支配する行政官吏や法官を社会に送り出す機関として 11 世紀に誕生した。そのため伝統的大学は，その発足当時から国王の援助による特権を享受しており，国王や教皇，司教といった学外からの影響を受けざるをえなかったが，両大学はかなり広範な自治と管理運営面での決定権を保有していた。

　オックスフォード市は交通の要所で宗教団体の本山も在り，国王や大司教の援助のもとに国内外の学者が教鞭をとっていた。そしてこれら学者とその教えを請う学徒たちが，今日のオックスフォード大学の原型を形成したので

2）総長（Chancellor）は，大学の長という名目ではあるが，式典，学位授与式，入学・卒業式といった行事を執り行う名誉職といえる。例えば，イギリス皇室の一員や，首相等が選出されている。しかし，実質的な大学の長は学長（Vice-chancellor）であり，管理運営から教務事項に関する事柄全般の責任主体である。スコットランドの大学では，古くは学長が当該大学の卒業生から選出されていた。一方，1992 年以降に大学に昇格した新大学においては，大学のトップにプレジデント（President）やプリンシパル（Principal）の名称を使用する場合が多い。

ある。1209年にオックスフォード大学から分かれて発展したケンブリッジ大学は，オックスフォード大学とは異なり自然科学分野に力を注いでいたが，その組織形態，教育制度，教授形態はオックスフォード大学とほぼ同じである。

オックス・ブリッジが確立した制度としては，教養的要素の濃いカリキュラムと「選抜制の高い」（クラーク 2002：76）寄宿制学寮（カレッジ）制度が知られている。しかし本制度は大学誕生当初から存在していたものではなく，従来学生は教員が経営する宿舎に居住していた。その後，学びに適した学寮が作られ，学寮制大学となっていった。その後，カレッジは大学組織から分かれて，個別の管理運営体系を育んでいくことになった。オックスフォード大学のカレッジの自治権について，オールソウルズ（All Souls）・カレッジの学寮長であるデーヴィス（John Davis）は以下のように要約している。

「カレッジは自治権を持っています。[3]カレッジ制度の中でカレッジとして存在していくための様々な規約があり，完全な自治とは呼べませんが，カレッジはカレッジ内行政については決定権があります」（秦 2001：47）

各カレッジにおいて強い自治性を活かした特色あるシステムが採用されており，その結果カレッジに独自色が生まれた点が，学寮制を取らない他のイギリスの大学とは大きく異なっている。この他の特色としては，各学生には学問的指導を実施する学部の指導教員（テューター）の他に，精神的指導を行う所属カレッジの指導教員の存在が挙げられる。学問的のみならず精神的指導の相乗効果により，学生の成長が促され，学生はまた所属カレッジの伝統や気風を受け継ぐことで，さらにカレッジの独自色がより強固なものとなった。

カレッジの独自性の例としてここでオールソウルズ・カレッジを挙げる。

3）カレッジは，独自の規則（statutes）を持っており，それにより拘束されている。

オールソウルズ・カレッジ（オックスフォード大学）

大学院学生以上の資格をもつ者のみ入学が許される 9 つの大学院カレッジ
（graduate colleges）のひとつであり，フランスとの 100 年戦争による戦没者の
慰霊のためにヘンリー 6 世とカンタベリー司教のカイチェル（Archbishop
Chichele of Canterbury）により 1438 年に創設された。中世から国王との結び
つきが強く，王室とのつながりからか現在もカレッジの財は非常に豊かで，
大学からも政府からも補助金を一切受けておらず，逆に，オックスフォード
大学を資金援助する立場にある。このことを可能にしているのが，カレッジ
が保有する土地と株そして寄附金なのである。

　本カレッジは伝統的に試験で選抜される 21 のフェローシップ（特待生制度）
があり，フェローシップの年限は 7 年間でそれ以降，2 年毎に更新が必要と
なっている。このフェローシップを獲得することは非常に困難で，学士課程
の各学科の最優秀卒業生が選抜試験に召集される。最優秀卒業生以外の学部
生がこのフェローシップを受験するためには，各学科の最終試験において 5
位以内に入っていなければならない。

　このフェローシップに選ばれた学生はオックスフォード大学の中における
最優秀卒業生とみなされ，将来の優れた研究者や公人の道を歩むことにな
る。カレッジのフェローとなれば 7 年間の研究時間と給与が与えられる。最

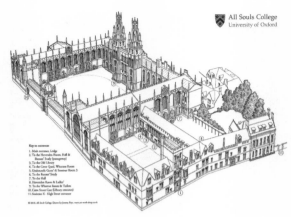

オールソウルズ・カレッジ俯瞰図
（出典）オックスフォード大学・オールソウルズ・カレッジにて入手

初の2年間は，カレッジから給与と無料の宿泊施設と食事が提供され，2年後に彼らは学問の道で生きるのか，他の職業に就くのかを選択しなければならない。約6割は学者に，そして残りの4割が外交官，法律家，政治家を選択している[4]。約80名から成るカレッジの構成員のほとんどが講師レベル以上の職階で，構成員の教育研究レベルの高さがカレッジの中のカレッジと呼ばれる所以ともなっている[5]（秦2014）。

(*2) ノース報告書

　『ノース報告書』では，「20世紀初頭にはオックスフォード，ケンブリッジ両大学の学生はイギリスの総大学学生数の4分の1を占めていた。今日においても150万人強の学生数のうちの3万人を占めており，大学は大規模に多様性を発展させてきたところに強みがあった。しかし，『デアリング報告

4）2001年当時では，最初の2年間はカレッジから年約1万1,000ポンドの給与と無料の宿泊施設と食事が提供される。研究の道を選べば，給与は増額され引き続き5年間の研究時間が与えられる。他の道を選べば，給与は年間1,500ポンドに減額されるが引き続き5年間の研究時間が与えられる（秦2001: 47）。

5）「イギリス学問界の粋（Cream of British Academia）」と呼ばれている（Oxford University Student Union 1997: 74.）。

〈ノース委員会の勧告〉

1 学生入学アクセスの拡大
2 最終試験の重みを少なくする
3 大学と公的および私的機関とのパートナーシップ（大学は現在のまま公的資金援助を
  受けながらも，その他公的・私的補助金の援助を受ける努力をすること。）
4 説明責任を行う範囲の拡大
5 3つの新たな教授会の設立
6 学長職の重要度を増す（学長の在職期間が4年から5年に伸び，また再選されればも
  う2年間在職（最長7年間）延長が可能となる。また今までは1人であった学長代理
  を4名に増加。3人は3つの新教授会の議長となる。）
7 カレッジの財政計画の見直し
8 カレッジ貢献計画（College Contributions Scheme）により富裕なカレッジから貧しい
  カレッジへの資金援助。新たに5つのカレッジを追加（Green, Harris Manchester,
  Kellogg, Mansfield, Templeton）

書』の中でも指摘されているように，全ての高等教育機関は多様性の欠如か
ら一段と類似した機関になりつつあり，そのことを大学は危惧する。財政機
構がこの均一性に拍車を掛けており，一方で，高等教育の大衆化が進むにつ
れて，いかに多くの補助金を政府から獲得するかが全高等教育機関の最重要
問題となりつつある。しかしオックスフォード大学の特異性は絶えず維持さ
れ，カレッジ・システムやテュートリアル・システムは維持され続けていか
ねばならない。我々の教育課程は，1つあるいは2～3の学科を集中的に深
く学ぶコースで，広範囲にわたるモジュラー型教育を行うつもりはない。こ
の集中型教育は，学生の能力をゆっくりではあるが，着実に伸ばす教育だか
らである。また高水準を保ちながらも，優秀な学生のために新たな学科や研
究分野を開拓することも必要であると考えている」と述べられている。
　その他，教育方法の一層の多様化，学生の技術向上への支援，学生の成績
査定方法の改良，研究の地位に比べて低く置かれていた教育の再評価，雇用
のための新条件の導入，長期研究計画等も議論の焦点となった。他にオック
スフォード大学内部のカレッジ・システムの中でも特にカレッジの財政問題
が取り上げられた。大学には豊かなカレッジが貧しいカレッジに経済援助を
行うシステムが存続しており，現在までに7,000万ポンド（約105億円）が貧

第1章　理想の大学とは　　33

しいカレッジに移譲されてきた。このシステムはカレッジの優秀な学生を支援するために不可欠と見なされ，引き続き援助が続けられることも委員会において確認された。

　委員会は，オックスフォード大学が「世界の指導的役割を果たす大学に位置し続ける」ために，またデズレーリの掲げた理想の大学，すなわち「啓蒙と自由と学問の拠り所」であり続けるために委員会の勧告が重要であることを述べて，締めくくっている。

(*3) オックスフォード大学の管理システム

　中央執行機関としての大学本部は，全学部・学科コース，カリキュラム，講義，クラス，実習，ボードリアン図書館をはじめとする全学部の図書館，研究所，博物館，コンピューター施設，定期試験，入学試験，子供をもつ学生のための保育園の管理運営，そして学位授与等を執り行う。また，小規模ではあるがアクセスファンドの配分も行う。

　大学外郭組織としては，キャリアセクション，語学センター，カウンセリングセクション，スポーツセンター，コンピューターセクション等がある。全組織は数多くの委員会により運営されており，委員会の大半のポストは大学の全教員からなる大学評議員会 (Congregation) により選出される。これはまた大学の重要事項を議論する時に集まることになっている。

　大学を実際に管理運営するのは学長 (Vice-Chancellor) であり，その下に学生監 (Proctor) が2名いる。プロクターは異なるカレッジから毎年推薦された後に選出され，全試験，学生の教育，クラブ関係に責任があり，学内外の意見や抗議にも対処しなければならない。他に，大学警官 (University Marshall や Bulldog) と呼ばれる人々がプロクターをサポートする。大学が独自の警察権を持っていた頃の名残である。

大学教員内のヒエラルキー

　イギリスの大学では学内の実権を掌握しているのは総長 (Chancellor) では

なく，学長（Vice-Chancellor）である。総長は名誉職であり，式典等で儀式的な事柄に参加することが主要な仕事となっている。

Vice-Chancellor/Principal/Director/Chief Executive

Pro vice-chancellor

Dean

Professor

Reader

Principal lecturer

Senior lecturer

Lecturer

Research fellow/Research officer

Research association/Research assistant

【引用文献】

クラーク，バートン著，有本章監訳（2002）『大学院教育の国際比較』玉川大学出版部。（Clark, Burton R. *Places of Inquiry: Research and Advanced Education in Modern Universities.* Berkeley: University of California Press, 1995.）

グリーン，ヴィヴィアン著，安原義仁・成定薫訳（1994）『イギリスの大学』（*The Universities*），法政大学出版。

秦由美子（2001）『変わりゆくイギリスの大学』学文社。

秦由美子（2014）『イギリスの大学－対位線の転位による質的転換』東信堂。

Grichting, W.L.（1996）"Do our research units give value for money?", *Campus Review*, 6.

HEFCE（1999）*HEFCE Current Funding Principles.* Bristol: HEFCE.

HEFCE（2020）*Higher Education Staff Statistics: UK, 2018/19.* Bristol: HEFCE.

Oxford University Student Union（1997）*Oxford University: Alternative Prospectus 1997-9.* Oxford: OUSU.

Ridder-Symoens, H. D.（2004）*A History of the University in Europe. Vol. I: Universities in the Middle Ages.* Cambridge: Cambridge University Press.

Tapper, T. and Palfreyman, D.（2000）*Oxford and the Decline of the Collegiate Tradition.* London: Woburn Press.

⟨ESSAY⟩

Valentine's Day

February is one of the most delightful times of the year for Japanese chocolate makers, simply because of Valentine's Day. Valentine's Day in Japan is different to other parts of the world. Girls in Japan give chocolates not only to those they like but also those to whom they feel obliged, this can include fathers and bosses.

The history of Valentine's Day in Japan provides one part of the explanation. A confectioner, Morozoff Ltd., introduced the holiday to Japan in 1936 and later began promoting the giving of heart-shaped chocolates. Other Japanese confectionery companies soon followed with their own Valentine's Day products. As a result, giving chocolates became a custom and chocolate sales increase sharply every February.

Many UK department stores engage in heated competition to sell their chocolates. There are also many historic shops, the most famous of which is "Prestat" founded in 1902 and Purveyor of chocolate confectionary to the Royal Household, to HM the Queen. Its truffle chocolates in a square box are one of its classic products which the Late Princess Diana is said to have loved.

The next best known is probably "Charbonnel et Walker", where Queen Elizabeth II periodically purchases English Rose & Violet Creams, and is most famous for its Pink Marc de Champagne Truffles!! The shop was founded in 1875 on Old Bond Street, after Prince Edward VII invited the French Chocolatier Virginie Eugenie Charbonnel to the UK.

Saint Valentine's Day actually began in the Roman era. At that time, February 14 was a holiday for the Goddess Juno, the protector of marriage, life and birth, and was the most senior Goddess. She had a sacred peacock as a pet. It said that birds get married on February 14, which later turned into a day for human lovers, too. Later, it was named after saint Valentinus to become a Christian celebration, and is now celebrated in many countries around the world. In most of those countries, people send cards, flowers, chocolates and other gifts to their loved ones or secret crush.

In the UK, both men and women can give gifts on Valentine's Day, but for men it is more important as a sign of affection. In Japan, the expectation is entirely on women, not only to loved ones but also to their co-workers, classmates, teachers and others out of obligation to show their appreciation. Valentine's Day in Japan has never been connected to religion, and in other countries it is now the same.

In our busy lives, we often forget about the important people in our lives and subconsciously build walls to keep others out. Our friends, lovers, important people are all irreplaceable to us. So, how nice is it to on Valentine's Day send our deep and warmest feelings, which are hard to express in everyday life.

Love is doing small things with great love.

By Mother Teresa

「愛とは，大きな愛情をもって小さなことをすることです」

マザー・テレサ

カバード・マーケット（オックスフォード）

第2章
新大学と旧大学

ジョン・クレイヴン（John Craven）

ポーツマス大学・学長

1949 年生まれ
1970 年ケンブリッジ大学卒業（経済学）
1971 年までケネディー記念奨学生としてマサチューセッツ工科大学（MIT）に留学
1971 年よりケント（Kent）大学経済学部・レクチャラー
1976 年よりケント大学経済学部・シニア・レクチャラー
1980 年よりケント大学経済学部・リーダー
1986 年よりケント大学経済学部・教授
1987 年より 91 年までケント大学社会科学部・部長（Dean）
1991 年より 97 年までケント大学・学長代理
1997 年よりポーツマス（Portsmouth）大学・学長

> ポーツマス大学は 1992 年まではポリテクニクでした
> ので，現在もその影響を多々受けています

──ポーツマス大学をご紹介いただけますでしょうか。

　ポーツマス大学は 1992 年まではポリテクニクでしたので，その点を考慮していただきたい。つまり，1992 年までは独自の学位授与権を持っておらず，また，財政も地方教育当局（Local Education Authorities: LEAs）の管轄下にあったということです。ポーツマスはハンプシャー州議会が治めています。ここポーツマス大学も 1989 年にやっと自治権を獲得し，そして 1992 年に大学に昇格しました。

> 　高等教育の二元構造の廃止に伴い，ポリテクニクは大学への昇格を申請することも可能となったため，一部のカレッジ同様，「新しい大学」として，昇格できるようになった。

　大学内の敷地は歩ける距離にあるといっていいでしょう。ビジネス・スクールが1.5マイル（約2.4キロ）先にあり，学生寮が大学のキャンパス内と「南海（South Sea）」と呼ばれている大きな学生村にあり，ほとんどの学生がそのどちらかに住んでおります。学業に専念できるように，この学生村も大学の近くにあります。

──1992年の大学への昇格は，旧ポリテクニクであったこの大学に何らかの影響を与えたと思われますか。

　1992年の大学昇格後我々の大学も，我々にとって非常に大きな意味をもつ研究評価（Research Assessment Exercise: RAE）とその実施機関である高等教育財政審議会（Higher Education Funding Councils: HEFCs）との関係をもつことになりました。当初は相当な混乱がありました。というのも当時の教員の雇用契約には研究に関する項目はなく，半数の教員は研究を行った経験など全くなかったからです。

> 　RAEが実施されるまでは生徒の数に応じて補助金が配分されていたが，これでは伝統的な大学に配分される額は非常に少なくなる。1981年に補助金が減額されてから，伝統的な大学はユニット・コストをほぼ一定に保ち，政府の補助金の減額に伴い，イギリス人学部生数を減らす傾向にあった。伝統的な大学は研究を優先させたのである。一方，他の高等教育機関は肥大化し，生徒一人あたりのコストを25％減少させることになった。

　この大学は1865年に教育機関として設立され，その後芸術学科も加わりましたが，元々教育カレッジだったものが大学に昇格したわけです。しかし全く研究が弱いというわけではなく，薬学と言語学はかなり優秀な研究を行っており，他大学からも両分野の教員の引き抜きは頻繁にあります。

──学生数はいかがでしょうか。

　約1万3,500名の授業履修型課程（taught course）に在籍する学生と，2,000名の継続教育（further education）を学ぶ学生がおります。1993年頃に地元の

芸術カレッジを統合した結果，アダルト・エデュケーションにも手を出すようになりましたが，ここから約3マイル（約4.8キロ）北に大きな継続教育カレッジがありますので，継続教育に重点を置くつもりはありません。夜間部としてはパートタイム課程や，大学院課程，パートタイムのMBA課程などがあります。

──学生は地元学生が多いのでしょうか。

　窓から御覧になればわかりますが，ポーツマスは貧しい家庭が多く，一般に貧しい家庭の生徒は16歳で学校を辞めて，ほとんどが働きに出ます。ですから地元の生徒を集めることは困難で，かなり離れた地域にまで生徒を募集しに行くのです。スコットランドから学びにくる学生よりもマレーシア出身の学生の方が多いのですよ。

> テニュアー（終身在職権）制度もなく，
> 1997年にはかなり多くの教員が早期退職しました

──教員数は何名ほどで，また平均何年間勤務されますか。教員の年齢構成もお聞かせください。

　現在教員は約700名おりますが，それ以外に非常勤の教員もおります。3年契約の教員も多数おり，常に年齢構成は大きく変化しているといっていいでしょう。しかし，教員はこのポーツマスという場所が気に入っているのか，長く勤めておりますね。引っ越しに金が掛かるからかもしれませんが（笑）。しかし，若い研究者は他の大学に移っていくようです。我々も旧大学のポスト・ドクターを雇用しようとしていますが，どこの大学の出身であるかというよりも，やはり研究の質を雇用の基準判断としています。

　まあ公平に見て，一般的に10年ぐらいはここに腰を据える教員が多いといえましょう。しかし，教員にはテニュアーがありません。つまり法的な保護がありませんので非常に不安定です。

1992 年以前からの大学，つまり旧大学には特別な年金制度がありますが，我々新大学は，以前は中等学校の教師と同じ年金制度でしたので，やっと新しい年金制度に組み込まれることになりました。しかし 1997 年の 8 月までは早期退職計画に応募できたので，かなりの数のポーツマス大学の教員が辞職していき，その結果，劇的に年齢構成も変わりました。

——大学にはどのような学部や学科があるのでしょうか。

　薬学部，工学部，看護学科，医学系の学科，地理学科，建築学科，デザイン科，歴史学科，言語学科，ヨーロッパ研究学科，コンピューター教育学科などがありますが，社会学や哲学，神学，古典などはありません。人文社会学系が弱いですね。我々はシェークスピアを教えるよりは，実社会に役立つ英語を教えることをモットーとしておりますし，科学や工学，技術系を中心に据えつつあります。また日本文学や日本研究はやっていませんが，日本語も教えていますよ。

——大学院課程はあるのでしょうか。

　額は少ないですが新たに研究補助金が入ったので，大学院生のための奨学金制度を設け，大学院生の数や科学系の学科を増やそうと考えています。我々の薬学部は特に優秀で，幾つもの薬品会社から研究補助金を受けています。修士課程の学生も増加していますが，補助金の獲得が困難です。パートタイムのプログラムはほどほどに成功していますし，通信講座もある程度の学生が集まっています。相対的に学生数は増加しているといっていいでしょう。しかし大学院の規模は小さいでしょう。もっと多くの学生を集めたいのですが，現実的にならなければいけません。元来ポリテクニクであったという我々の歴史を考えてみれば，強みは学部生にあるわけですから今後も博士課程の学生を数多く募集し，トップ 10 の研究大学に入ろうなどとは考えておりません。

——授業料収入を考えれば，授業料を全額見込める海外からの留学生を集める方が，大学運営資金を考えるうえではよいようにも思いますが。

　ええ，そう思います。我々は海外留学生のリクルートに熱心で，イギリス

の大学の中でもこの大学はかなりその方面に力を入れている大学だと思います。例えば，マレーシアからの留学生は 1 学年目と 2 学年目は地元のマレーシアの大学に行きますが，最終学年にはこの大学に留学して学位を取得します。またマレーシアの生徒をリクルートするために，わざわざ地元の代行者も雇っています。マレーシア以外にもトルコやアラブ首長国連邦からも学生を集めており，日本の短大からも短期留学で英語を学びに学生が来ています。

　面白い話ですが，香港警察からも訓練を受けにこの大学に来ています。つまり犯罪学を学んでいるのです。我々の大学は，多数のイギリスの警察官を訓練している「警察研究学部（Police Studies Department）」があり，この学部は非常に人気があります。

──ポーツマスは海軍で有名な所ですが，そのことが大学に影響を与えているでしょうか。

この町の人々にとっては，海軍とこの大学は2つの大きな就職場所です。ポーツマスは人口が約20万人ですが，大学は本学しかなく，前述した継続教育カレッジはあっても高等教育機関はありません。またそのことが我々にとっては，この町での強みでもあるのですが。

「よい研究」と「補助金の獲得」をなぜ，同等に置くのでしょうか

——研究評価とその結果がもたらす国庫補助金の高等教育機関への配分の差別化については，どのようにお考えでしょうか。

　最初の研究評価はかなりよかったと思っております。政府からの大幅な予算カットも何とか切り抜けましたが，上位5校程度の研究大学が補助金の大半を獲得してしまうようなシステムには，はっきりいってがっかりしています。本学は数多くの地元企業に貢献し，重要な役割を果たしているのに，限られた評価項目の中では，我々のような大学はその長所を書き記す箇所がないのですから。

　1992年までは研究補助金も受けていなかったポリテクニクには厳しい状況といえるのではないでしょうか。まあしかし，他の新大学よりはこの大学もかなりの補助金をもらった点には満足しています。それでもこの研究評価というシステムは，ばかげたシステムだと思っています。確かに我々は研究評価では，旧大学に大きく水をあけられていますが，質の保証や教育面では幾つかの研究大学よりもはるかに優れているのです。

　大学が評価結果において高い質であると判定された場合，その大学に補助金は必要なのでしょうか。質がよくないから補助金を与え，底上げすべきなのではないでしょうか。私にはわかりません。疑問点が多々あります。ただ，余り質がよくないからよりよい教育を実施するために補助金を与えて，優れた教育をするように援助をすることの方が重要なのではないでしょうか。ど

ブライトン・ピア
（人気のアミューズメントスポットで，夜はライトアップされる）

ちらにせよ「補助金の獲得」が，機関が質を向上させようとする意欲をかき
立てるかどうかにかかっていると思うのです。

　また，「高質の研究」と「補助金獲得」をなぜ，同等に置くのでしょうか。
この根本的なところが私には不可解であるし，そこに議論が行かないことに
も納得がいかないのです。市場で解決される問題と，大学での研究が同じ次
元で論じられていて，ある会社が評判よく，その会社が保証するのでそこで
車を買う，といった調子で学位を買っているようなものではないでしょう
か。しかも研究の質は研究を行う大学の基準ではなく，大学外部の基準で審
査されている。教育の質に対しては，成績をつけてランク付けするのではな
く，車が車検に通るような感覚であって欲しいのです。教育と研究は本質的
に異なります。

　サセックス大学の学長が「我々の大学は研究一本で行きますよ。その方が
大学にとってもいいですから」と述べたのですが，彼は大半のイギリスの大
学は研究と教育の両方をやらなければとても生き残っていけないことを，わ
かっていないんじゃないでしょうか。

確かに我々の大学は研究からの総収入が，教育からの総収入に比べて非常に少ないですから，経済的には研究などしなくても，つまり教育だけで十分やっていけるのです。しかし問題は経済的なことではなく，教員の労働意欲への影響，研究者の質に与える影響ということです。また，そのことが教育の質にも影響を与えていくので，そういう意味でこの大学にも研究は必要である，と考えています。

> 過去 25 年間も研究補助金をもらい，
> 研究を続けてきた旧大学と，やっと 5 年目になる
> 新大学とが，どのように競争できるのでしょうか

——教育面での改革は，補助金の増額につながりましたか。

　どの大学も補助金を喉から手が出るほど欲しいと思っていますが，スタートラインが問題です。つまり旧大学はすでに過去 45 年間も研究補助金をもらって研究を続けてきました。研究優先でやってきたわけです。そのような大学と，やっと 1997 年に研究補助金を受けて 5 年目になる新大学とが，どうやって競争できるのでしょうか。私の方が教えてもらいたいくらいです。優れた研究を行うためには，それ以前に研究の基盤作りのための資金が不可欠でしょう。確かに第 1 回目の研究評価では，旧大学と新大学とは別々に競争することが許されましたが，研究評価への参加は強制ではないものの，2 回目からは同じ土俵での戦いです。

　我々は何とか 250 万ポンド（約 3 億 7,500 万円）獲得しました。薬学とヨーロッパ研究で 4 を取り，ロシア語では 5 を取りましたが，ロシア語は残念なことに研究者が 1 名だけでしたので，余り多くの補助金を獲得できませんでした。

> 「研究従事者（research active）」という概念が導入された。補助金算定式の基本は，評価に参加する研究の全体的な質の等級を Q とし，評価に参加する研究に従事したスタッフの数を V として（研究生の数），Q × V という式で表される。

　そして 3a をぱらぱらと取りました。しかしまあ 1 回目が 3 で，3a となったわけですから評価が上がったと喜ぶべきでしょうか。

　私は研究評価による大学の序列化を受け入れられません。それぞれの大学には，それぞれの異なった考え方，価値観があるはずです。だからこそ，仮にデアリング委員会が，上位 10 大学に限って研究補助金を獲得できるようなシステムをよしとするならば，非常に落胆するでしょうし，またそんなことは間違っていると思うのです。しかし研究評価は続いていくでしょう。また，競争も激化していくことでしょう。評価 2 の学部は自助できず，大学側が何とか理由を付けて，高い評価を受けた学部の補助金を回すことになるでしょう。確かに政府以外の補助金もありますが，いつも受けられるとは限りませんし，そのときの状況や景気の変動によって獲得できたり，できなかったり，非常に不安定です。

――ポーツマス大学における教育評価の結果はいかがでしたでしょうか。

　我々の大学は，増額はありませんでした。本日，新聞（*Daily Telegraph*）にリーグ・テーブル[1]が掲載されておりましたが，新大学の評価が余りに低く，新大学の教員ならば，すぐにでも新聞を閉じたい気分になったことでしょう。残念です。

　我々の大学のフランス語科などは，24 点中，24 点取ったというのに，評価パネルが訪れていたときに ―すぐに改装した建物に移ったのですが― 崩れかけそうな建物の中で授業をしていたものですから「悪環境」ということで減点になりました。「教育と建物の良し悪しとは全く関係ない」と，その場にいた評価パネルと話していた結果がこれです。

---

1) 一般に，リーグ・テーブルとは参加しているチームの成績一覧表を指す。この箇所でのリーグ・テーブルの意味は，教育評価に参加している高等教育機関の評価結果一覧表をいう。また，教育評価の場合には研究評価と異なり，全大学が受けなければならないことが法律で決まっているので，実際にはイギリスの高等教育機関全ての教育評価結果一覧表のことを意味している。

まあ，人生とはそんなものかもしれませんが。

　我々の大学は学生からの評価も高く，人気があるのに残念なことです。質
の保証は，最小限の基準の中で確立していってほしいものです。質保証のシ
ステムは，大学が学生に公示したことが事実かどうかを確認するシステムで
あってほしい。また水準とは，名前が同じ学位や資格は，どの大学において
も同質，同レベルであることを示すものであって欲しいのです。オックス
フォードやケンブリッジのような大学ならば余裕もあるからできるでしょう
が，美しい建物や，緑の芝を刈る人の数で決めるのではなく，どんなにひど
い建物であっても，同レベルの教育をしているのであれば同等に評価して欲
しいのです。

> 　1992 年と 1996 年の RAE では，この新しい一元化の結果，大学間に序列を設けるこ
> ととなった。2002 年，HEFCE の事務総長であったハワード・ニュービーは，「イング
> ランドは多様性に序列を持ち込んで階層制に変えてしまう傾向にある」，と皮肉っている。

大学での管理が厳しくなっており，学長の権力も強くなりました

**――学長の役割をお聞かせください。また組織内での変化はありましたで
しょうか。**

　一言では，言いにくいですね。ケント大学の学長であったジェフリー・テ
ンプルマン（Geoffrey Templeman）は管理・行政の能力がなく，まあ研究さえ
できれば当時はそのような能力など必要なかったのですが，現在の大学の状
況ならば 10 分間で「くび」になったことでしょう。管理・行政能力なくし
て学長は務まらない時代となりました。

　大学での管理や締め付けが厳しくなっており，学長の権力も強くなりまし
たが，他に学部長（Dean）の力が強くなってきています。以前は学部長も退職

グリニッジ大学（旧ポリテクニク）

までは勤められる職だったのですが，現在は3年から6年に年限を切られた
職となりました。学部長の下にはもちろんその職を補佐する副学部長もおり
ます。学部長が有能でなければ，辞めさせることもできるようになりました。

　副学部長が学部長の役を務めてもよいのですが，3年から6年という長い
ブランクの後に再び研究職に戻ることは困難ですので，誰か別の優秀な人に
任せた方がよいと思われます。現在の学部長は科学者ですが，実験を6年間
も行わなければ彼の研究生命に関わってきますので，今朝も担当年月は融通
を利かせたらいい，と彼に言ったところです。しかし，我々の大学では順番
に学部長を担当させているので，役が回ってきた当の人物が力もなく，人気
もない人間だとこちらもがっかりしますね。

——『ジャラット報告書[2]』後の管理・行政構造に，変化がかなりあったと思
われますが，ご自身の経験から何が一番大きな変化であったでしょうか。

　旧大学と新大学とではかなりの相違があります。例えば我々には独自の裁
判所（Court）がありません。ケント大学には，大学の議事の認可や州の決定
した法律の変更を認可する250名からなる組織があります。我々にはそのよ

2）イギリス大学長委員会が出した報告書，CVCP（1985）*Efficiency in Universities*, CVCP, London. を
　通常『ジャラット報告書（Jarratt Report)』と呼んでいる。

うな法廷がないのです。他に，ケントには 45 名から成る議会があります。我々も 25 名から成る理事会（学長の私，教員 4 名，学生代表 1 名，そして 19 名の学外の人間）はあります。

——地域の利益代表者が含まれているのでしょうか。

この 19 名の中には，司教や IBM の理事，企業人，医療機関の代表などが含まれております。

——その理事会は力を持っているのでしょうか。

理事会はわたしなどすぐに「くび」にできるくらいの力を持っていますよ。究極の決定機関といえます。学問的なことではなく，経済的なことや人事に関してですが。それに人数が 20 名弱と少ないですから，決定に至るまでの時間が短く，何事もかなり速やかに決まります。

大学の評議会（Senate）は，40 名の学科の代表から成り立っています。1 年に 3 回から 4 回会合をもち，あらゆる学問的な事柄に関してはこの評議会が決定します。学科や学部の新設，質の保証，試験，何でもです。

——補助金を政府以外の別の機関から獲得する予定はないのでしょうか。

ここポーツマス大学の「ポーツマス大学・パートナーシップ・プログラム」が名誉なことに『デアリング報告書』の中で言及されていました。名前が挙がる大学など数少ないので，喜ばしいことです。これは自宅でも大学でも受講できるサンドイッチ・コース[*1]で，働く場を提供してくれる雇用者の希望する研究を行うコースです。これには IBM も大きなスポンサーですが，それ以上に多くの補助金を出してくれているのが，グラクソー・ウェルカム社（イギリス最大手の医療品会社）で，老人介護用の椅子を研究するために 100 万ポンド（約 1 億 5 千万円）の援助をしてくれていますね。

我々の大学には医学部は在りませんが，薬学や看護に関連した数多くの医学関係の学科があり，多数の老人が入っている地元の病院と友好関係にあります。イギリスでは，ドーバー海峡側は温暖なので退職した富裕な老人が多く住んでいるからですが。

> ## イギリスでは中央政府は地方政府を，
> ## この 100 年間にわたって弱体化してきました

――**労働党政府**についてお伺いしたいのですが，**保守党政府**の時代よりもよくなりましたか。

　いいえ。デアリング委員会は両政党が支持して組成されたものですし，この委員会も選挙運動に利用されただけのことです。教育といいながらも，すべてが政略絡みの結果に過ぎません。

　イギリスでは中央政府は地方政府をこの 100 年間にわたって弱体化してきました。この政策は今も引き続き行われているのです。すべての政党がそうです。全政党が地方政府を信用していませんので，嘆かわしいことですが，そんな政策を採っているのですよ。

――**管理主義は強大化していますでしょうか。まだ耐えられる状況でしょうか。**

　いいえ，耐えられません。管理されることを好む人間がこの世にいるでしょうか。これについては真剣に憂慮しています。学部長と定期的に会合し，財政や教員の働きぶりについて余り嬉しくない決定を下し，余りひどいと財源をカットしたり，教員を辞めさせなければなりません。高等教育界も 20 年前よりはるかに居心地の悪い場所になってきています。

――**ポーツマス大学の学長の職は停年まで留まられるのでしょうか。**

　はい。ケント大学を含めて幾つかの大学は新たに学長に就く場合には期限付き，およそ 10 年間でしょうか，ですが，私は停年まではこの大学の学長に留まれます。しかしそれほど長く留まるつもりはありません。

――**学長をお辞めになった後には，何をなさるつもりでしょうか。**

　別にしたいことはありませんし，何の野心もありませんね。ケント大学のデヴィッド・イングラム（David Ingram）は 16 年間，先程申したテンプルトンも 17 年間学長を務めましたが，これは長すぎる。15 年以上となると長す

ぎるでしょうね。私の場合には 12 年勤めれば 60 歳になりますので，ちょうど退職するにはよい時期かなと，思っておりますが。

——**学長の給料についてお感じになっていらっしゃることはありますか。**

　私の給料は 1998 年の 2 月にはタイムズ高等教育版新聞（THES）に掲載されますが，あまり高額ではありません。年 8 万 5,000 ポンド（約 1,275 万円）です。大体大学の規模にもよりますが，学長の中では中程度の給料でしょう

❧ コラム ☙

破格の学長給与

　イギリスの大学では，学長が最大の権限をもっている。また，現在では学長も企業の CEO 同様，多額の学外資金をいかに集めることができるかが大きく問われる時代となった。研究資金を集める手腕の高かったのが，バース大学（University of Bath）のグリニス・ブレイクウェル（Dame Glynis Breakwell）学長で（過去筆者は彼女にインタビューも実施した（秦 2012）），大学への功績が評価され，年に 470,000 ポンド（約 7,050 万円）という高額の給料を退職までの 17 年間受け取ることになった。しかし一方で，厳しい経済状況にある学生や大学教員，社会からも大きな批判を受け，2017 年 11 月には，約 400 人もの学生によるブレイクウェル学長の退陣を望む抗議が起こり，彼女の辞職につながった。

バース大学：元上級工学カレッジ（College of Advanced Technology: CAT）

か。例えばマンチェスター・メトロポリタン大学などは旧ポリテクニクの中では最大の大学ですし，給料はきっと高くなるでしょう。しかし特別に他大学から優秀な人材を引き抜いてくる場合には，かなり高額の給料を払わないといけなくなるでしょうね。

インタビューを終えて

旧大学オックスフォード大学の学長，ピーター・ノース卿との会談と新大学であるポーツマス大学の学長，ジョン・クレイブン氏との会談を比較していただいたら，旧大学と新大学の置かれている状況の違いがよくわかる。研究評価が両大学に与える影響は大きく異なり，旧大学には多額の補助金がある一方で，新大学に配分される国庫補助金額は遥かに少なく，かなり厳しい状況をもたらしているようである。

特にオックスフォード大学は世界の研究大学の中でも常に1位，2位を占める大学であるので，比較すること自体公平であるとはいえないが，旧大学と新大学の大学の現状，またその中で働く教員の環境の差はこのインタビューからも十分に伝わってくる。

確かに過去数十年間，研究大学として研究補助金を受け取ってきた旧大学と，1992年から初めて研究評価の競争の中に組み込まれて，従来の研究大学と補助金獲得競争を行わなければならない新大学とが，同じ土俵の上でその競争を行うことの意義は何なのか。スタートラインにやっとたったばかりの新大学，教育を使命としてその使命を全うしてきた新大学の研究評価参加は前途多難な様相を示している。研究評価への参加は，強制ではなく自主的なものとはいいながらも，研究評価に参加しないことは大衆への説明責任を果たしていない大学と見なされ，当該大学にとっては非常に不利となる。

「高質の大学ではない」と評価されたからこそ，その状態を改善するために補助金は使われるべきではないのか，という悲痛とまでも感じられるクレイブン氏の声が極めて印象的であった。

✥ ディスカッション ✥
---

1) 1992 年以降に大学に昇格した旧ポリテクニクでは，学生をどのように育て
ようと試みてきたのでしょうか？
2) 大学の重要な理事会に，イギリスでは学生代表が必ず少なくとも一名は参加
していますが，なぜ日本では学生自治会や学生代表が存在しないのでしょう
か？　理由を考えてみましょう。
3) 「「高質の研究」と「補助金獲得」をなぜ，同等に置くのでしょうか。この根
本的なところが私には不可解であるし，そこに議論が行かないことにも納得
がいかないのです。市場で解決される問題と，大学での研究が同じ次元で論
じられていて，ある会社が評判良く，その会社が保証するのでそこで車を買
う，といった調子で学位を買っているようなものではないでしょうか」とい
う氏の考え方について，あなたはどのように考えますか？
4) 「スコットランドから学びにくる学生よりもマレーシア出身の学生の方が多
いのですよ」ということですが，なぜでしょうか？　理由を考えてみましょ
う。
5) イギリスの大学の「サンドイッチ・コース」は，どのようなコースか調べて
みましょう。

ユニヴァーシティー・カレッジに在学していた P.B. シェリーのメモリアル像

【解　説】

(*1) サンドイッチ・コースとパートタイム・コース

　高等教育のプログラムの多様化や労働者層からの大学進学は，専門職のみならず就業中のキャリアを磨き，伸ばすための，あるいは就職のための資格要件を取得しようとする多数の人々をポリテクニクに進学させることになった。戦後の福祉国家政策の戦略的位置を占めた社会的機会の均等化と社会経済発展のための人材養成の実現化に向けて，拡大しない大学に代わり，1980年代にはポリテクニクが大学の役割を果たしたといえる。

　ポリテクニクの存在そのものが高等教育人口の拡大に資したのではあるが，ポリテクニクが提供した課程もその後の高等教育の発展に重要な意味をもっていた。つまり，高等教育の多様性に大きく貢献していたと考えられるのである。例えば，「教育的革新」と呼ばれた課程が，サンドイッチ・コースであった。このコースは正規課程と正規課程との間に挟まれて，課程に関連する職場に働きに行くのでサンドイッチ・コースと呼ばれているのだが，1950年代および1960年代に上級工学カレッジ(*2)（College of Advanced Technology: CAT）において生まれ，その後，ポリテクニクで大きく拡大することになった。サンドイッチ・コースを受講する学生数は，1965/66年度には11,000人弱であったが，1968/69年度には18,000人となり，1988年には

表2-2　ポリテクニクおよび大学におけるサンドイッチ・コースに在籍する学生数および全学生の中でサンドイッチ・コースに在籍する学生が占める割合

年度	ポリテクニク上級サンドイッチ・コース（人）	ポリテクニク全サンドイッチ・コース（人）	ポリテクニク全学生の中で占める割合（%）	大学サンドイッチ・コース（人）	大学全学生の中で占める割合（%）
1965/66	10,042	10,816	6.0	9,681	5.2
1970/71	19,799	20,123	16.0	13,665	5.3
1975/76	29,816	29,978	18.0	13,737	4.8
1980/81	41,506	41,634	20.0	15,155	4.6
1985/86	48,604	48,814	20.0	13,230	4.0
1990/91	66,739	66,837	20.0	15,813	3.9
1991/92	76,592	76,623	19.0	17,541	4.0

（出典）Pratt 1997: 35. を基に作成

53,000，1991 年には 77,000 人と急速に増加していった（表 2-2）。

　大学においてもサンドイッチ・コースを学位課程の中に取り込もうとする動きが見受けられたが，3 年間あるいは 4 年間集中して学業に取り組む伝統的課程が中心である大学ではサンドイッチ・コースの形態そのものが適しておらず，サンドイッチ・コースの学生数はポリテクニクに比較して増加しなかった（表 2-2）。また，表 2-3 が示すようにパートタイム学生はポリテクニクが提供するような学士課程以外のコースには 73%，大学院課程には 63% 所属している。

表 2-3　連合王国とイングランドの高等教育機関における学生数（2004/05 年度）

レベル		学生総数	フルタイム学生	パートタイム学生
学部：学士課程	連合王国 イングランド	1,000,410 810,260	906,480（90.6%） 731,510	93,920（9.4%） 78,750
学部：学士課程以外	連合王国 イングランド	447,310 388,070	120,920（27.0%） 98,920	326,390（73.0%） 289,150
大学院	連合王国 イングランド	408,620 342,290	151,330（37.0%） 125,490	257,290（63.0%） 216,800
合計	連合王国 イングランド	1,856,340 1,540,620	1,178,730（63.5%） 955,920	677,600（36.5%） 584,700

注：括弧内は学生総数に対する割合。
（出典）HESA 2006. および DfES 2006. を基に作成

　旧大学においてパートタイム学生数が少ない理由として 2 つのことが考えられる。第一に，学生が政府から学費や生活費の貸付を受けるにはフルタイム学生でなければならなかったためである。パートタイム学生は，政府の日常経費融資の貸付対象から外れたり，学費補助金がなかったりと，資金面での扱いが厳しかった。大学は授業料，試験料，学生組合費等の学生納付金を徴収しているが，フルタイム学生のみが保護者の収入査定による授業料の減免措置や学生ローンによる貸与奨学金により日常経費を受けることができた。『デアリング報告書』において勧告され，政府が再考するまでは，パートタイム学生には奨学金制度が設けられておらず，フルタイム学生に比べて

パートタイム学生は公的補助金制度の中で不平等に扱われていた。

　第二に，公的資金援助のための審査基準の一つである修了率において，パートタイム学生が参入されないことである。イギリスでは地方教育当局（Local Education Authorities: LEAs）が政府からの補助金を獲得するために1年毎に各高等教育機関の公的資金援助の妥当性を評価することになっている。その評価には進学率の審査だけでなく修了率の審査も含まれている。つまり，修了率は大学の補助金配分と強い相関関係があり，修了者数が規定の割合に達しない場合には補助金が減額される結果となり，各大学の施策に大きな影響を与えた。しかしながら，パートタイム学生や准学位専攻学生は，修了率算定の際の対象となってはいなかった。このように大学において，サンドイッチ課程を選択する学生やパートタイム学生が増加する必要のない環境が，制度的に存在していたのである。

(*2) 上級工学カレッジ（College of Technology: CAT）

　1940年には一般大衆も教育の拡大を望み始め，教育省も応用科学や技術・工学を専攻する学生数を増加し，教育・研究評価を高めるためには戦後のイギリスの高等教育の根本的改善が必要であると考え始めた。その結果，上級工学カレッジの拡張が政府により促されるとともに，科学や工学系諸学科の拡大促進経費としての教育予算が増額されることになった。1940年代半ばには，当時の大臣であったチャーウェル卿（Lord Cherwell）とウルトン卿（Lord Woolton）が，工学系の学部を既存の大学から独立させ，十分な予算と教員が確保された工学系大学の設立が急務であると主張した。しかし，工科大学の擁立には1960年代中葉まで待たねばならなかった。

> 「……（中略）……我々は，医者にとっての医学校のように，専門職を養成する工学系の大学を設立する必要がある……」（"Trained Men For Industry Plan To Provide More Technologists", *The Times*（7 November 1945），p.2.）。

表 2-4　上級工学カレッジ（CAT）の高等教育課程を取るフルタイム学生数
（イングランドとウェールズ 1962/63 年度）

地　　域	学生数（人）
バタシー（Battersea）	1,300
ブルネル（Brunel）	550
チェルシー（Chelsea）	800
ノーサンプトン（Northampton）	1,400
バーミンガム（Birmingham）	1,250
ブラッドフォード（Bradford）	1,100
ブリストル（Bristol）	650
カーディフ（Cardiff）	800
ラフバラ（Loughborough）	1,250
サルフォード（Salford）	1,200

（出典）Committee on Higher Education 1963: 31.

　1960 年代当時，約 700 もの継続教育機関においてはエンジニアや労働者のための技術教育が実施されており，これらの機関は勤労者の教育に重要な役割を果たした。しかし，その大半がパートタイム課程として提供されていたため，応用科学や科学技術，また工学系のフルタイム学生が 1950 年代には不足し，技術教育を担う継続教育機関である技術カレッジは，大学と比較して教授内容の質が劣るとされ，教育水準と質を上げるために後に CNAA に引き継がれることになる工学学位全国審議会（National Council for Technological Awards: NCTA）が 1955 年に創設された。

　翌 1956 年の 5 月には技術カレッジのディプロマレベルの課程に関する覚書が提出され，同年に政府白書『工学教育（*Technical Education*）』が公刊された。この白書においてイギリス国内の技術カレッジがそれぞれの階層に分類され，その最上層に CAT が位置することになった。

　その後，『ロビンズ報告書』の勧告により新たな大学の設立が早急に望まれた結果，当時レベル的にも規模的にも大学に準ずる機関となりつつあった CAT を大学に昇格させることが，1966 年の白書『ポリテクニクとその他のカレッジのための計画（*A Plan for Polytechnics and Other Colleges*）』において提案

表 2-5　上級工学カレッジの開設・大学昇格年

大学名	開設年	勅許状取得年	大学名	設立年	勅許状取得年
ストラスクライド	1796	1964	ヘリオット・ワット	1821	1966
バース	1894	1966	アストン	1895	1966
シティー	1894	1966	サリー	1891	1966
ブルネル	n/a	1966	ブラッドフォード	1957	1966
ラフバラ	1909	1966	サルフォード	1896	1967

（資料）HEFCE(c). *Profiles of Higher Education Institutions.* Bristol：HEFCE, 1999. のデータを基に作成
（出典）秦 2004：69.

され，1962 年に CAT は地方教育当局から独立し，1964 年には連合王国最初の工科大学であるストラスクライド（Strathclyde，前身校はグラスゴー・ロイヤル・カレッジ・オブ・サイエンス・アンド・テクノロジー）大学が誕生し，既存の大学数は凍結されたまま，1960 年代後半にはストラスクライドを除く 9 つの CAT であるヘリオット・ワット（Heriot-Watt），アストン（Aston），バース（Bath），サリー（Surrey）[3]，ブルネル（Brunel），シティー（City），ブラッドフォード（Bradford），サルフォード（Salford），ラフバラ（Loughborough）が大学に昇格した（表 2-5）。ここに漸く念願の工科大学が設立されることになった。

　このように中央政府は，CAT の大学昇格やポリテクニクの創設といったパブリック・セクターの高等教育機関の大学昇格を一方で見据えながら，大学とポリテクニクとの二元構造の成立に向けて準備をしていたことは見逃せない事実である。

　しかし，CAT は大学に昇格したが，大学に昇格する際に受けるべき教育・研究の質の検査がこの時点では実施されなかった。理由は，大学数の拡大が急務となったこと以外に，CAT で修学した学生に NCTA が授与する技術ディプロマ（Diploma in Technology）が大学の優等学位と同等と見なされていたことが考えられる。また，財源節約のために大学数の拡大を大学の新設で

---

3) 創設は，バタシー・ポリテクニク（Battersea Polytechnic）から始まっている。

はなく CAT の大学への昇格という形で効率的に対処しようとした政府は，従来の大学とは質や教授科目の異なるパブリック・セクターに属した CAT の質を不問に付したのであった。この事実は，大学と准大学高等教育機関の質の差を常に問題にしてきた政府の姿勢に反するものである。しかしその反動から，18 年後のサッチャー政権時にこれら工科大学に対して厳しい審査が行われ，バース大学とラフバラ大学を除く全工科大学の予算が大幅に削減されることになった。

【引用文献】

秦由美子（2001）『変わりゆくイギリスの大学』学文社。

秦由美子（2004）「イギリスの大学展望」日本比較教育学会編『比較教育学研究』30，東信堂：66–80。

秦由美子（2012）『女性へ贈る 7 つのメッセージ—輝く女性たちから，あなたが羽ばたくために—』晃洋書房。

秦由美子（2013）『イギリスの大学におけるガバナンス』広島大学・高等教育研究開発センター叢書。

秦由美子（2014）『イギリスの大学』東信堂。

ロバーツ，ガレス（2007）「イギリスの研究評価」秦由美子編著『新時代を切り拓く大学評価』東信堂。

Burgess, T. and Pratt, J. (1970) *Policy and Practice: Colleges of Advanced Technology*. London: Allen Lane the Penguin Press.

Committee on Higher Education (1963) *Higher Education: Report of the Committee Appointed by the Prime Minister under the Chairmanship of Lord Robbins 1961-63. Cmnd. 2154*. London: Her Majesty's Stationery Office.

DfES (2006) *Department for Education and Skills: Departmental Report 2006*. London: DfES.

HESA (2006) *Students in Higher Education Institutions 2004/2005*. Bristol: HESA.

Pratt, J. (1997) *The Polytechnic Experiment: 1965-1992*. Milton Keynes: SRHE/OUP.

<ESSAY>

Museums in London

　There are many art galleries and museums in London where you can see drawings, crafts, and paintings or any other form of art. What's more, the national and public museums are generally free. These include the National Gallery, the Victoria and Albert Museum, the Science Museum, the National Portrait Gallery, and the White Cube Gallery etc. Many of them were built during the British Empire's heyday. Although, the Tate Britain and Tate Modern Galleries are private and not free, but are very modern. You could spend and enjoy far more than one day in each Gallery.

　I have visited the National Gallery many times to see a painting called "the 9 Days Queen (Execution of Lady Jane Grey)" by Paul Delaroche, a French painter. The National Gallery in Trafalgar Square is often described as a national treasure as it houses various famous collections. The painting below is of Lady Jane Grey, a 15-year-old former Queen of England, who was enthroned as a pawn by one politician and beheaded treason by another 9 days later.

　When we express feelings like joy, anger, sorrow, etc., through words, it is a very

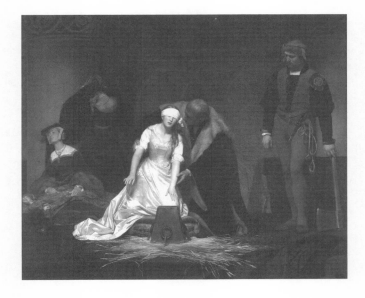

direct way to convey them to others. However, sometimes, we cannot fully express our feelings to them as expressing them is beyond the limitations of words. For me, art, music, and paintings allow me to perfectly communicate my feelings. When my mind is disturbed or I feel depressed, every tune that goes through my mind is violent, whereas when I am joyful, they sound soothing.

Art washes away from the soul the dust of everyday life

By Pablo Picasso

「芸術は日々の生活のほこりを，魂から洗い流してくれる」

パブロ・ピカソ

第3章
イギリスで唯一の私立大学

ロバート・テイラー（Robert Taylor）

バッキンガム大学・学長

1943 年生まれ
1965 年オハイオ大学（社会学）卒業
1967 年修士号（アンティオック・カレッジ）
1974 年博士号（コーネル大学）
1967 年より 69 年までウィルバーフォース大学・政治学の専任講師
1974 年より 79 年までシドニー大学・行政学の講師
1980 年より 88 年までロンドン大学・東洋アフリカ研究学部（SOAS）・レクチャラー
1988 年より 89 年まで SOAS・政治学のシニア・レクチャラー
1989 年より 96 年まで SOAS・政治学の教授
1991 年より 96 年まで SOAS・副所長
1997 年よりバッキンガム（Buckingham）大学・学長
主 著：*Marxism and Resistance in Burma*, 1985. *The State of Burma*, 1987. *In Search of
Southeast Asia*, 1987. *Handbooks of the Modern World: Asia and the Pacific*, 1991. *The
Politics of Elections in Southeast Asia*, 1996.

大阪大学と交換留学プログラムを実施しています

――日本との関わりについてお聞かせいただけますでしょうか。

　私たちの大学と大阪大学との間に交換留学プログラムがあります。主に大
阪大学の学生がこちらにやってきますね。というのも 2 年で学位を取るため
には勉学に集中しなければならないので，私たちの大学の学生は海外留学が
難しいためです。また学年度も 1 月から 12 月までとなっており，海外の大
学と，開講時期が一致していないということもあります。休暇も 8 月の中頃

とクリスマスに約2週間あるだけです。

　私自身のことを申せば，私は以前アメリカ社会科学研究審議会に在籍しており，その会議が東京であったので一度訪日したことがあります。日本には元京都大学教授の石井教授などたくさんの知人や友人がおりますし，わたしの専門分野が東南アジアで，ミャンマーやタイなどに関する本を書いていますから，そこで働く日本人も知っています。

私たちの大学の総長はサッチャー元首相なんですよ

——バッキンガム大学についてお聞かせ下さい。

　私たちの大学は新しく，設立されてからまだ20年余しか経っていません。1976年以前は私たちの建物がある場所は酪農園でした。キャンパスにはとても美しいたくさんの白鳥がいますが，白鳥は私たちの大学のシンボルでもあります。総長はサッチャー（Margaret Thatcher）女史で，彼女は自主自立，自由主義経済，自由な高等教育などの信念を持った偉大な女性であり，彼女の信念は私たちの信念でもあります。任期は5年ですが大学側は彼女に次の任期もお願いすることになるでしょうし，彼女自身も継続するつもりのようです。

　また，地域社会と私たちとの関係はとても良好で，「バッキンガム大学の友人たち」と呼ばれる地域組織とともに夜間の講義やコンサートを行っていますし，地域の家庭にホーム・ステイしながら大学へ通う語学コースの学生もいます。

——世界中から学生を受け入れるための活動や，バッキンガム大学に通う学生についての説明をお願いします。

　学生募集案内を通して広報を行っています。しかし調査によると，学生の80％が以前ここにいた学生の推薦で私たちの大学に進学してきているようです。ですので広報の最良の方法は，留学生がこの大学にいる間にすぐれた教育経験を与えることだといえましょう。

私たちの大学はイギリスでも国際色豊かな大学のひとつで，86の国々から学生を受け入れています。人数が多いため学生全員を学生寮に収容することはできませんが，学生は寄宿舎に入るか，町や近郊の村に下宿しています。また私たちの大学は規模が小さいものですから学生がしょっちゅう私のオフィスを出たり入ったりしています。院生は全学生の約15％で，卒業後はビジネス界や，法律関係，または研究者の道に進みます。

> ## 資金を得るための大きな財源が学生の授業料であるため，研究よりも教育中心の大学教育を行っております

――このバッキンガム大学はイギリスで唯一の私立大学ですが，**大学の運営資金はどのように調達されているのでしょうか。**

　私たちの大学は政府からの援助は受けていませんので，主に次の3つの資金源で運営されています。第一の資金源は学生の授業料です。私たちの大学では教育に重点を置いています。なぜなら収入の主な財源は，学生からの授業料にあるからです。他の大学と違ってすべての学生に同額の授業料を課しています。また，私たちの大学は3学期制ではなく4学期制をとっているので学部生は1年に12ヵ月授業がありますから，他大学よりも短期間で，つまり学士号は2年間で取得できます。授業料も1年に1万ポンド（約150万円）以下におさえています。国費で大学に通う海外留学生と同程度の額です。そのため私たちは学生に良質の教育を提供する義務があるのです。なお院生の授業料は1年に約5,000から7,000ポンド（約75万円から約105万円）です。第二は借入金で，第三は寄附金と研究補助のために設立した基金です。新しい財源を確保するために個人や企業から年に約50万ポンド（約7,500万円）の寄附金を集めていますが，それらのほとんどは学生への奨学金やコース補助金に使われています。

──**研究基金**はどのようにして獲得されるのでしょうか。

　研究費用も大部分は政府以外の財源によるものですが，将来の予想として研究費獲得競争がますます激しく，また厳しくなるであろうと考えています。また管理・行政の合理化についての問題ですが，大学組織を簡素化し，手続きの煩雑さをなくすために数多くの改革を行ってきました。

　学長の私と教員との間に存在していた学部長制度を廃止したり，従来学術的な決定権を持っていた4つの委員会の権限を大学の立法府である理事会に委ねたことなどです。現在大学を直接運営しているのは理事会と学部なのです。その中でも理事会の議長を務める学長の役割は重要となり，行政面だけでなく学術面における決定権や責任も増えました。

　また私の前任者がオックスフォード大学の教授であったこともあり，オックスフォードの教育支援の下，かなり多くのことを始めることができました。例えば私たちの学生指導の方法はオックスフォードのテュートリアルをモデルとしています。大学の学生と教員の比率（Student Staff Ratio: SSR）は10対1ですが，多くの大学がSSR比を上げる中，私たちの大学は今でも少数指導制度を維持しており，1クラスが3人から5人くらいの学生で構成されています。

書籍代をねん出!?

> 教員は全員1年契約で働いており
> 教授でさえもテニュアーがありません

——**教員の構成や給与，教育と研究の関係はどのようになっているのでしょうか。**

　約65人から70人がフルタイムの教員で，数名がパートタイムの教員です。その中の14％が教授で，残りが准教授や講師です。給与構造は他大学と近似しており，給料は年間平均的な教授で約3万7,000ポンド（約555万円），講師で1万7,000ポンド（約252万円）から2万7,000ポンド（約405万円）の間です。

　他大学よりも教員の平均年齢が若いため，教員の採用について何ら問題を抱えておりません。教員たちは1年契約で働いています。その方が柔軟性を保てるからです。教授でさえ，ここではテニュアーがなく，大学に残るためにはできる限り多くの時間を指導と研究のために割かなければなりません。教員の教え方がよくないと学生が言ってくれば調査を行いますし，学生がそれぞれのコースでどのように感じているのかを知るために，学生からも報告書を提出してもらっているのです。

　他大学では政府や官僚の要求することをこなしていかなくてはなりませんが，私たちのような私立の小規模な組織においては学生が望んでいることに耳を傾け，効率的に対応していくことが望まれているのです。

　教員の休暇に関しては，1学期間に全体の25％の教員が研究休暇を交代で取り，例えば夏期休暇の時期でも教員が全員同時に研究休暇をとることはありません。私たちの大学における昇進の基準は，学生への行き届いた指導と質の高い研究，そして大学組織への貢献度です。教育指導が40から50％，研究が30％，そして残りが学内行政やリーダーシップの評価です。

——**1979年以降の国が実施してきた教育改革や『デアリング報告書』について，どう思われますか。**

66　第Ⅰ部　学長の目を通したイギリス

サッチャー政権後のさまざまな教育改革によって大学の数が増加し，その
ため提供する教育の質という点で従来よりも激しく大学間で競争を行わざる
をえなくなりました。旧ポリテクニクが大学に昇格し，私たちの大学との間
でも学生獲得競争が起こっているのです。『デアリング報告書』はこのよう
な大学間競争に影響を与え，大学が将来どのように機能していくべきかが記
述されています。また『デアリング報告書』の勧告の結果，政府は学生に授
業料を課し始めましたが，私たちの大学ではすでに行ってきたことなので全
く影響はありません。

> アメリカの高等教育システムに近づく方が，
> 高等教育のレベルや質は高くなります

——イギリスの高等教育システムは，アメリカのシステムに追随していくよ
うに思われますが，その点についてのお考えはいかがでしょうか。

　イギリスの高等教育のシステムはアメリカ的になっていく方がよいと思っ
ています。私がアメリカ出身ですのでそう思うのかもしれませんが，イギリ
スの高等教育のレベルや質は本来あるべき水準よりも劣っているように思う
のです。イギリスの大学では，まだまだ多くの官僚主義が横行しているため
に，高等教育機関の活性化への意欲が削がれ，学生の学習能力向上の足を
引っ張っております。教育に費やされるべき多大な時間が，授業よりも教育
評価 (Teaching Assessment: TA) の査定などに費やされているのです。例えば
授業評価のために調査団が来る日には，能力のない教員は授業をしないと
いったことが起こっていることからも，この評価システムの弊害がわかるで
しょう。

——教育評価制度に関してのご意見をいただけますでしょうか。

　高等教育財政審議会へ行かれて尋ねられても，たぶん私が言ったこととは
違うことを言われるでしょうが，調査団は主に査定を受ける授業とは異なる

分野の他大学の教授で構成されており，調査団はまず査定日を通知します。査定される側は事前にカリキュラムや授業で使う教材などの情報を審議会へ送り，また査定日に何の授業を行うのかを調査団に知らせておかなければなりません。査定日には評価委員は教室で授業を視察し，審議会への報告書を作成します。そして数日後には参加した授業や用意された教材に基づいた報告書を送ってきます。もし査定される大学側が「平均的な仕事をしている」と報告すれば，審議会は平均より高い評価をつけます。「優れた仕事をしている」と報告すると，それより低く評価されてしまいます。いかにも官僚的ですが，正直に報告しなくてもいいようになっているし，高い評価をもらおうという野心が透けて見えてもいけないようになっているのです。

　以前査定された時には，私たちは6項目すべてにわたって優であると申告したのですが，評価委員からの報告書では優が4つで，残りの2つは優より1ランク下の評価になっていました。そこで調査団のリーダーに尋ねると「十分優の資格があるのですが，優をつけないことで教員に，今後一層自己評価を厳しくするように求めているのです」との答えが返ってきました。私は教育評価に対応するため，大学内の制度作りに多くの時間を費やし，査定のための膨大な量の書類作りを行いましたが，その結果がこのようないい加減な評価を得たわけです。

インタビューを終えて

　バッキンガム大学はイギリスで唯一の私立大学，つまり政府から一切の公的資金援助を受けていない大学で，研究ではなく，教育に重点を置く大学である。そういう意味では非常に特異な大学なのでインタビューの実施を企画した。

　大学運営のための資金を外部から獲得するために，一番直接的かつ確実なものは学生からの収入である。学生といっても，イギリス人の学生はバッキンガム大学に入学しても政府からの奨学金が得られないため，海外からの学生が主たる対象となる。

また，学生からの学費に大きく依存しているため，いきおい「顧客（cus-tomer）」である学生の立場が強くなり，学生から授業評価報告書を提出させるといった方法で，学生の意見が重視されている。素晴らしい反面，学生におもねる教員や，安易な学位取得に流れないための注意も必要である。また教員は教授でさえもテニュアーがなく，１年契約の雇用ということなので，安定性がなく研究に専念することは非常に困難であると考えられる。雇用形態の性質上，学長や理事会の力が強大で，教員の立場や力は弱く，会議も上意下達方式となっているようである。

✲ ディスカッション ✲

1）管理・行政の合理化のために，大学組織や手続きの簡素化といった数多くの改革を行ってきたバッキングガム大学ですが，「学部長制度の廃止」や「従来学術的な決定権を持っていた４つの委員会の権限を大学の立法府である理事会に委ねた」ことは，大学の自治にどのような影響を与えると考えられますか？

2）バッキングガム大学は個別指導制度を維持しており，１クラスは３人から５人くらいの学生で構成されているということですが，少人数編成のクラスのメリット，デメリットは何でしょうか？

3）教員たちは１年契約の雇用で，大学側の考えとしては年度更新の方が柔軟性を保てるから，ということですが，この雇用形態をあなたはどのように考えますか？

4）学生による授業評価や教員評価について，学生の立場からはどのように考えますか？

❧ コラム ❧

各大学の学長の給与

University	2018-19 pay	2017-18 pay	Change in pay
Edinburgh	£403,000	£204,000	£199,000
Belfast	£316,000	£220,000	£96,000
Brookes	£240,897	£240,804	£93
Hull	£259,000	£254,000	£5,000
Nottingham	£327,000	£266,000	£61,000
Manchester	£266,000	£272,000	-£6,000
St Andrews	£301,000	£288,000	£13,000
Falmouth	£285,749	£293,085	-£7,336
Leeds	£294,000	£294,000	£0
Lincoln	£294,000	£295,000	-£1,000
Queen Mary	£314,949	£296,206	£18,743
Sussex	£306,000	£301,000	£5,000
Loughborough	£327,594	£304,670	£22,924
University of East Anglia	£324,000	£305,000	£19,000
Reading	£260,000	£307,252	-£47,252
Bournemouth	£323,000	£313,000	£10,000
Portsmouth	£323,000	£313,000	£10,000
Leicester	£279,000	£313,000	-£34,000
Durham	£325,000	£319,000	£6,000
Coventry	£342,703	£320,045	£22,658
York	£262,358	£322,489	-£60,131
Kent	£277,100	£324,000	-£46,900
Aberdeen	£275,000	£327,000	-£52,000
UWE	£334,112	£327,404	£6,708
Trent	£343,000	£333,000	£10,000
Glasgow	£348,000	£340,000	£8,000
Cardiff	£314,000	£348,000	-£34,000
Royal Holloway	£344,000	£352,000	-£8,000
Warwick	£370,000	£362,000	£8,000
Liverpool	£410,000	£363,500	£46,500
Newcastle	£373,600	£367,200	£6,400
Bristol	£381,000	£373,000	£8,000
UCL	£405,034	£397,372	£7,662
Sheffield	£359,018	£413,942	-£54,924
Cambridge	£475,000	£428,000	£47,000
Exeter	£421,000	£429,000	-£8,000
Soton	£372,000	£436,000	-£64,000
Birmingham	£450,000	£444,000	£6,000
Oxford	£452,000	£447,000	£5,000
King's College London	£455,000	£461,000	-£6,000
LSE	£491,000	£501,000	-£10,000
Imperial	£554,100	£575,800	-£21,700

*Excludes provision for housing.

（出典）Greg Barradale, News, "See how your uni Vice Chancellor's pay compares to everyone else's," *The TAB*, https://thetab.com/uk/2020/01/21/see-how-your-uni-vice-chancellors-pay-compares-to-everyone-elses-139325（2021 年 1 月 10 日最終閲覧）より

⟨ESSAY⟩

The Pleasure of Travel

While you are planning for your holiday, you will probably find some famous places and/or exhibits around the world that you would like to see. Let me give you some examples from London and around the UK. The British Museum holds many precious art works, ancient artifacts, antiques, and beautiful pieces of furniture , amongst others, which were gathered from around the world during the peak of the British Empire. You could also see the Changing of the Guard at Buckingham Palace which is one of the Queen's residences, or visit Parliament and see the tower that houses Big Ben. Elsewhere in the UK you could visit Oxford and Cambridge Universities, both of which have many old and beautiful colleges.

You could also visit many castle ruins. Whenever I visit any of these ruins, they make me think of past conflicts, battles between England and Scotland, England and Wales, the Romans, and Celtic tribes and so on. Those events still cast a shadow over the attitudes of British people. Some Scots even today seem to dislike the English.

Cawdor castle (once owned by the Earl of Cawdor) reminds me of Macbeth, because it was the settings of the murder of King Duncan in that Shakespearean play. This is Scarborough Castle which is one that makes me feel sad.

スカボロー城（ノースヨークシャー）

"The real voyage of discovery consists not in seeking new landscapes,
but in having new eyes"

By Marcel Proust

「発見の旅とは，新しい景色を探すことではない。
新しい目でみることなのだ」

マルセル・プルースト

第 **II** 部

イギリス社会と教育

第 4 章

イギリス経済と学問

大学がスーパー・マーケット化していく！

ロバート・コーエン（Robert Cowen）

ロンドン大学・教育研究所／シニア・レクチャラー（現在，ロンドン大学名誉教授）

1938 年生まれ
1959 年ロンドン大学・経済政治学研究所（LSE）を卒業
1967 年には比較教育学で修士号（ロンドン大学）
1971 年ニューヨーク州立大学バッファロー校の助手（社会学および比較教育学）
1976 年よりロンドン大学で教鞭を執る。その間，オーストラリア，カナダ，ソビエト連邦，西ドイツ，ブラジル，中国，エジプト等の国々の客員教授となる
1981 年には博士号（ロンドン大学）
1988 年より 91 年までロンドン大学・教育研究所（Institute of Education）の国際比較教育学部長
1991 年よりロンドン大学・教育研究所の文化，コミュニケーション，社会研究のシニア・レクチャラーとなる
主著：*Sociological Analysis and Comparative Education,* 1982. *International Handbook of Education Systems,* 1984. *Education in the USSR,* 1991. *Education and Post-modernism: Special Issue of Comparative Education,* 1996. リサーチ・プロジェクトをこなす一方，論文は枚挙にいとまがない。

高等教育を受ける学生の増加は
研究所には直接影響を与えません

――この研究所（Institute of Education）は学部生に比べ大学院生の在籍率が高いので，学生数が非常に増加を受けて，当該研究所でも学生数は増加による影響があるのではないでしょうか。

　いいえ，そんなことはありません。というのも 2 つのフィルターがあるからです。学部生は確かに増えていますが，イギリス国内からこの教育研究所

に学びに来る学生の大半は教師です。上級課程の講座を望む教師の数は相対的に多くありません。教師は自分で授業料を払わなければならないので，まず受講希望講座を注意深く調べてから決定するからです。そのためたくさんの学生が殺到するということは起こりません。例えば学生であっても彼らが授業料を自分で払わなければならないということになれば，自らのキャリアに役立つと考える科目を１つか２つ選ぶだけでしょう。その科目は，哲学でも，比較教育学でも，教育経済学でもなく，おそらく教育管理学や，効果的な教育法，評価法になることと思われます。これらの講座の選択が彼らのキャリアにとっての特効薬になるからです。

　この研究所にイギリスの学校教師が押し寄せることはないのですが，海外からの学生数は増えるでしょう。また国内の教師は大抵ここに学びに来るまでに学士号と PGCE（Post Graduate Certificate of Education）を取得しているので，この研究所には修士号や修士号の中でも特別な修了証を取りに来るのです。望めば修士号取得後，次のどちらかの研究課程に進むこともできます。ひとつは PhD（博士課程）で，もうひとつは私たちが考案した新課程の EdD（教育博士課程）と呼ばれているものです。後者の教育博士課程はアメリカでは比較的一般的なもので，そのアメリカのシステムをこの研究所に取り入れました。この教育博士課程を受ける学生数は急増しており，イギリスの学校長や学科長たちもこの状況を好ましく思っていますし，おそらくは現在の修士課程に代わるものになっていくことと思われます。つまり学生が進級しようとするとき，彼らは修士課程よりも教育博士課程へ進みたがるということです。私は EdD を新しい修士課程のひとつと考えているのです。アメリカでは通常 PhD を取ることのできない者が EdD を取ることが多いため，EdD は PhD よりも若干低くみなされていますが EdD は学校での専門実務に直結しています。

PGCE（Post Graduate Certificate of Education）：公立学校の教師となるための資格で，この資格を取るためには第一学位をもつフルタイム学生であること，また教育実習を含む１年間の高等教育課程を履修し，最終試験に合格することが求められる。

——講座の需要についてお聞かせください。

　私たちの機関が教育研究所であることを考えますと，前述のように学生た
ちは彼らのキャリアに役立つと考える講義を取るわけです。多くの受講生は
すでに教育カレッジや大学で働いているので，職業技術教育の専門講座を
取っていますが，一方で学科長や校長になるために管理・運営講座を受けて
いる学生や高等教育機関の経営者になろうと高等教育の講座を取っている学
生もいます。学生は受講する講座に関しては非常に現実的で，哲学や心理学
および経済学などを専攻する修士課程の学生数は激減してきています。しか
し，管理法や評価法など前述した講座では学生数が増えています。つまり彼
らの職場での昇進にすぐに結びつく講義に人気が集まるわけです。

——全体で何名の学生がここで学んでいるのですか。

　およそ 2,500 人です。アメリカや日本と比べますと小さな研究所ですが，
イギリスの基準では大規模になります。およそ 500 人から 600 人の学生が
PGCE という 1 年間の教員養成講座を受けており，残り約 2,000 人の学生は
上級課程や修士課程または博士課程を取っています。

——新しい講座のマーケティングに関してはどのような成果があったのです
か。

　修士課程のイギリス人学生は授業料を支払う必要があるということもある
のでしょうが，修士課程の受講者数は全体的に減ってきています。以前は雇
用者や地方の有力者が院生の資金援助をしていましたが，今日ではそのよう
なこともなくなりました。他に，現在，ロンドン近郊の多くの大学が修士課
程を用意しているので高等教育機関の間での競争があります。また多くの教
師，特に地位の高い教師は今では修士課程よりも EdD を好んでいるのです。
ですから例外はありますが修士課程の受講者数は確実に減少しています。こ
れには少々心配していますが，講座のマーケティングの大きな成果は，逆に
この EdD の導入でもあるので，これは非常に成功しました。事実上マーケッ
トの独占を果たしたのです。研究所，特に研究部長のキャロライン・ギブズ
（Caroline Gibbs）と私が懸命に活動した結果，大成功を収めることができたと

教育研究所（ロンドン大学）

考えています。

　特別講座の開設も可能です。例えばインドネシアやマレーシアから20名
以上の学生を送ってくれば，その学生たちのために彼らの政府や支援団体が
要請する特別講座を設けることができます。あるいはシンガポール政府が校
長30名を送り込み，学校の運営・管理の特別講座の受講を望めば，希望の
特別講座を開くことも可能です。

教育に効率性や有効性が必要なのでしょうか？

**──受講生側から眺めた場合，この研究所の講座はどうでしょうか。講座で
の受講は必ず受講生の職場での昇進につながってきていますか。**

　いいえ，そんなことはありません。学生として学びに来る教師が自分の教
育のために投資することは，馬に賭けるのと同じことだと考えています。彼
らは講座に投資し，昇進するかもしれませんし，また失敗するかもしれませ
ん。ここに来るにはもちろん学習するにあたっての知的理由があるのでしょ
うが，実際には将来の自分自身に金を賭けているのです。また校長は管理・

運営の訓練を受けなければならない状況に確実に向かっているともいえます。つまりそのような訓練を受けずに校長になることは非常に難しくなっています。そのため彼らの多くがここで教育管理学を学んでいます。例えばこの研究所のある教員は多くの職業技術教育講座の開講に専心し，その結果，高等教育システムは拡張されてきましたし，また職業技術システムに対する関心も高まりました。というのも職業技術教育の講座の講習後には昇進の機会が増加するからです。哲学の授業を取っても昇進の機会はほとんどありません。つまり私たちは今日では一層アメリカに近づいた状況にあり，学生は将来就こうとする職業に役立つ講座を選ぶのです。

　1960年代には心理学や哲学，経済学といった学科は教職を得られるので非常に人気がありましたが，現在ではこれらの学科を教えるポストももうありません。現行のシステムは実務に重点を置き，理論教育は少なくなる一方です。私が言いたいことは，この研究所での学生の受講パターンというものも結局のところ雇用者側の雇用パターンを反映しているに過ぎないということです。ある時期には社会学者，哲学者を求める機運が高まったとしても，またある時期には管理・運営者が求められるのです。ですからこの研究所で設置される講座の変動は20年，30年という長い期間にわたっての修士課程への社会からの要請の変動であり，またそれは教育サービスと労働市場との強固な結びつきを反映しているとも考えられましょう。

——これら哲学や心理学といった学科を教える教員は急速に減っていますが，バランスの取れた人間形成を考えた場合，これらの学科はたとえ人気がなくなったとしても必要であると思われますが。

　あなたはそう考えているのですね。私も同じです。しかしイギリス政府はそう考えているでしょうか。答えは「ノー」です。イギリス政府が重視してきたことは有能な卒業生や教師を作ることでした。ですから効率的な授業法や応用・技術面が強調されてきました。

労働党への政権交代は変化をもたらさなかった

——それでは政府の政策と関連して，『ロビンズ報告書』以来最重要と目されている『デアリング報告書』について何かコメントはありますか。

　まず『デアリング報告書』には哲学的，あるいは理論的な内容は全く含まれていません。高等教育における管理・運営に関する報告書です。『デアリング報告書』に対する疑問を挙げるならば，例えば『ロビンズ報告書』に比べてどこにその展望があるのか，という点でしょう。つまり私が危惧していることとは，報告書からは高等教育に関しても実用的な方針しか読み取れず，いかなる理念も述べられていないということです。私の感想としては「つまらなかった」といわざるをえませんが，政府にとっては有益なのでしょうね。

——教育研究所は労働党政府にとってのシンクタンクであると聞きましたが。

　1945 年からそうなったといわれていますが，もちろん公式にではありません。この国の教員や学生の多数が，保守党（Conservative Party）ではなく，労働党（Labour Party）か自民党（Liberal Democratic Party）を支持する傾向にあります。もちろん学生の大半は社会に出ると保守党を支持するようになりますが。ただしこの研究所は公式には政府とは何ら関係はありません。私たちは独立した機関ですから。

テニュアー制度の廃止は
大学効率化の政府の政策のひとつでした

——テニュアー制度（tenure system）の廃止はこの研究所にどのような影響をもたらしたでしょうか。

テニュアーの廃止は，大学をマーケットに素早く対応させるための政府の政策のひとつでした。終身在職制は経営戦略の中で廃止され，現教員の約3分の1の人々が短期契約を結ぶことになったのです。このことは大学の管理・運営に大きな“メリット”をもたらしました。教員はいともたやすく解雇され，その解雇に異議を唱えるための法的根拠を失ってしまったのです。

――短期契約者には厳しい状況ではありませんか。

　確かに厳しい。しかし大学にとっては非常に効率的な運営となります。政府の政策は大学を効率よく運営し，自由度を高め，マーケットに直結させることです。サッチャー時代，つまり保守政権時代の改革のひとつは国の公共医療サービスや鉄道，電話産業などを民営化することで国の財政負担を減らす一方，過去においては聖域とされてきた大学をマーケットの圧力にさらす中で国際的な競争力をもった優秀な労働力を生み出す機関に変える，というものでした。非常に上手く考えられた戦略といえるでしょう。

――しかしもっと長く勤めたい，あるいは定年までこの研究所で働きたいと望めばそれは可能でしょうか。

　ええ，それは可能です。例えばあなたがこれから会うアンディー（Andrew Green, 第5章）は定年までここで働くことができます。彼は最初短期契約でその後長期契約になったと思います。ただ長期契約といっても解雇されることもあります。例えば研究所の財政が逼迫したり，彼の講座の人気がなければ原則として仕事を失う可能性があります。工場やスーパー・マーケットで働くのと同様，他の従業員と同程度の保護はされたとしても，大学が彼を守ってくれるという状況は起こりません。しかし運よく私を含め幾人かは現在では廃止されてしまったテニュアーをもっているので，心配する必要はないでしょう。

――ということは，あなたは65歳までこの研究所で働けるのですね。

　その問題が現実問題として法廷で審議されればどうなるのかは私にもわかりません。というのも，以前ハル大学の哲学教授の解雇に関し，長期にわたる裁判がありました。学長はその教授を一方的に解雇しようとしたのですが

裁判となり，教授解雇事件としてその全容が新聞に掲載されました。結局ハル大学の学長は，当時この研究所の所長で哲学者だったウィリアム・テイラー卿（Load William Taylor）に呼び出され，その教授の解雇には成功しなかったように思います。

マーケットへの「信仰心」が必要です

——民営化への移行は理解できますが，医療サービス（National Health Service: NHS）と教育システムは公共のものであるからこそ機能する面があると思うのですが。

　時代遅れですね。怒らないでください。あなたは「信仰心」（faith）が足りません。必要なことはマーケットへの「信仰心」です。マーケットに参入すれば良いことが次々と起こります。道徳も家計も家族もすべては改善され，マーケットの中では大学も医療サービスも新たに生まれ変わるのです。言い換えれば市場経済というものはほとんど信仰的な考えといえましょう。あなたのように古い考えの人々は「いいえとんでもない。医療サービスは特別だし大学も特別だ」といいますが，特別なものなどありません。市場原理は素晴らしいものです。

——ということは，あなたも市場原理を信仰していらっしゃるのですね。

　いいえ，全然。私もあなたと同じ考えです。しかし重要なことは改革をしている人々の考えを十分に理解する必要がある，ということなのです。彼らの考えは融通が利かず，ほとんど信仰的といっても差し支えないでしょう。市場原理の中で高等教育機関を再構築すれば改善されるのだと信じ込んでいます。

　例えば学生に対し「顧客」や「効率」といった表現がよく使われますが全く馬鹿げています。私がスーパー・マーケットに行って 10 ポンドを渡して 10 ポンド分のスパゲッティを買うのなら私を顧客と呼んでも結構。しかし

学生が1万ポンドを支払えば，私は彼に学位を渡すでしょうか。全くばかばかしい。「顧客」や「効率」といった表現を教育現場において用いることは全く不用意な表現としか言いようがありません。確かに金銭が必要な関係の中で私たちは生きていますが，学生は「顧客」ではありません。

職業訓練で航空機のパイロットになるためにその訓練学校に25万ポンドを支払えば，「はい，これがパイロット免許です」と，免許を渡してもらえるでしょうか。少なくとも学位や免許を受け取る側は相応の知識と技術が必要です。とはいうものの，イギリス社会の中で，市場に対する信仰心は絶大であることは事実なのです。

マーケット理論の不支持が
保守党敗退の原因だったと思うのです

——この問題に関して一般公衆からの反応はありますか。

いいえ，ありません。全く驚くべきことです。市場原理に関する国家規模のストライキはありませんでした。しかし一般市民がこの原理は非現実的だと受けとめ，イギリス政府は貧困や疾病にもっと関心をもつべきだと考えた結果が，選挙における保守党の敗退であった，と主張することはできます。しかし大学に対する市場原理というものが堕落した，腐った理念である，といった組織的な反対はないのです。

学長たちは個人的には不満を述べ立てているかもしれませんが，この政府の方針に対して大いに反論している新聞記事は見かけたことがありません。逆にそのことを私は憂慮しています。

> ## 大学の運営基金集めは，
> ## 研究機関にとって研究の質を落としかねません

　基本的に学生 1 人当たり約 6,000 ポンド（約 90 万円）の学費が研究所の収入となります。海外からの留学生に関しては，例えばブラジル政府は研究評価が 3 以下のイギリスの大学に留学する学生には奨学金は与えません。留学生は 6,000 ポンドを現金で支払いますが，イギリスの学生の授業料は一部を学生が，そして残りを政府が払っているので学生の募集人員にも限度があります。例えば「PGCE で 500 人の学生を募集する」と政府に申告したとしても，政府に余裕があれば大丈夫ですが，ない場合には人数を減らされることになります。しかし留学生を 500 名募集し，500 名を上回っても研究所の教育・経営陣に余裕さえあれば大丈夫です。留学生からは総計 300 万ポンド（約 4.5 億円）以上の資金が確保できることになります。つまり違いは**イギリス人の学生の場合には，志願者数が定員数を超えた場合には政府からの援助資金が確保できない**，ということです。

　効率面から眺めれば留学生獲得は優良マーケットだとみなされがちですが，それはそれで大学にとっては危険な資金収集方法でもあります。もしも安価な学位，もしくは高価な学位を，配慮なしにばらまいたとすれば，わずか 10 年で研究所の評判を落とすことになるでしょう。10 年間留学生市場を利用することに何の意味があるでしょうか。この研究所が国内外から高い評価を得るのに 90 年かかりましたが，目先の利益に目が眩み，進むべき方向を見失ったならば，今日ある評価もほんの 10 年でぶち壊すことができます。

　確かに資金問題は，どの大学においても切迫した問題ではありますが，資金繰りのみに焦点を合わせることは愚かなことです。とはいえ，高等教育機関の間での生き残りの競争は激しく，資金集めという圧力は研究機関にとって研究の質を落としかねないほどの憂慮すべき，非常に危険をはらんだ問題といえます。

——**研究評価が研究活動に与えた影響は何でしょうか。**

　興味深い質問ですね。私たちが昇進する場合に基本的には論文を書いたり本を出したりすることが十分条件ではなくなったということでしょうか。そのこと以外に研究補助金をもらった，あるいはもらっているという実績が必要です。こういった昇進のための条件は私がいた頃のアメリカがそうでした。もし仮にアメリカの大学で昇進したい場合には巨額の研究補助金をもらっていなければなりません。

　イギリスでもアメリカと同じく教授になりたいならばアメリカの大学のシステムを模倣しなければならなくなりました。研究資金を獲得する力が十分あることを示すために，経歴に巨額の研究補助金を 2 つほど書き加えることが必要になったのです。実際，私たちはアメリカ型へ移行しつつあります。

　また研究評価の特異な点は「著書」の定義にあります。「著書」は研究所外部で発行され，国際標準書籍コード（ISBN）をもち，80 頁以上の頁数がな

バークベック・カレッジ（ロンドン大学）

ければならないのです。長い目で見れば，もしもその状態が続けば —— 私は
そうならないことを望んでいますが —— マックス・ウェーバー（Max Weber）
やエミール・デュルケム（Émile Durkheim）のごとき大家が物した優れた著作
を1冊出版するよりも，つまらぬ本を4冊書く方が昇進しやすいということ
になるのです。1年に少なくとも1冊の本を書くとして，80頁という量は長
い論文をせいぜい3本合わせたものにしかすぎません。このような仕事は学
問そのものの進展を阻むことになるでしょう。

──果たしてそのようなことが起こりうるのでしょうか。

　もちろん起こりますよ。ここの研究者たちに「いいかい，君が1年に1冊
の本を書いている限り昇進させるよ」と言えば，彼らの多くは「よし」と言っ
てドアを閉めパソコンのスイッチを入れ，1ヵ月後には草稿を作り，2ヵ月
後には第二稿を作り，3ヵ月後には80頁の本を仕上げるでしょう。

　80頁や160頁の原稿を書くことなど価値はないと私は思っています。小
さな仕事にすぎません。しかし研究者たちが一旦それに慣れれば，そうした
簡単な仕事を如才なく続けるでしょう。表紙は美しいが薄っぺらな中身のな
い本を書き続け，バジル・バーンスタイン（Basil Bernstein）やリチャード・ピー
ターズ（Richard Peters）のような人々はどこかに消し飛んでしまうのです。な
んとも憂慮すべきことです。

　今はまだ問題とはなっていませんし，ここ数年は問題とはならないでしょ
う。しかしその状態が20年続いたらどのような事態になるでしょうか。こ
れは大きな問題です。つまりこの研究所やLSE（London School of Economics
and Political Science（ロンドン大学・経済政治学研究所））などの優秀な高等教育
機関が国際的な成果を産み出さなくなるということです。「5*」や「5」とい
う評価は組織の大部分が質の高い国際的な仕事をしていることを示していま
すが，その仕事内容を80頁程度のつまらぬ本で測るならば，20年後にはも
う私たちは国際的に高水準の仕事はしていないに違いありません。大学を効
率的な機関にしようとする政府の近視眼的な圧力は，長い目で見れば優れた
研究者の質を大きく損なうことと思われます。つまり，効率的かつ効果的な

運営が大学を破壊過程に投げ込むことになるのです。

——イギリス高等教育の過去から受け継がれてきた知の遺産が崩壊してい
く，と言い換えてよいでしょうか。

　崩壊しつつあるといっていいと思います。私たちも非常に憂えているので
す。優秀な教員にとっての本質的な危機とは，この種の煩雑な仕事を全部や
り抜いてしまおうとすることです。雑務やつまらぬ論文書きやつまらぬ本書き
を，大事な仕事の時間を削って行うのです。大学や政府は何もしてくれませ
ん。良い仕事をすることはますます難しくなっています。そしてあなた方日本
人はこのような馬鹿げたイギリスのシステムを模倣しようとしているのです。

> 教育における官僚体制が教育そのものを変質し，
> 劣化させるでしょう

——学生数の増加は研究活動に影響を与えていますか？　教育の質を維持し
ながら研究を行うにはどのようなことに注意していらっしゃるのでしょう
か。

　教育と研究を両立させながら私たちが政府の要請に従って行ってきたこと
は，数多くの約束事を作ることでした。講座の準備や講座の評価についての
規則，個別指導後に報告書を書く規則，学生に週何回会わねばならないとい
う規則，といった事細かな規則が数多く作られました。その結果，修士，博
士課程で教える場合，今ではかなりの数の規則にしばられています。つまり
教育がお役所仕事になってきているということなのです。

　学生の対話に費やす時間は少なくなり，膨大な時間が些事に割かれ，その
結果，研究時間はますます減少してきています。つまり学生は，教員は年中
大学に居るのだから8月に論文指導をして欲しいと考えるようになります。
というのも修士課程の学生は9月1日が修士論文の締め切りだからです。さ
らに多くの学生は7月も9月も同じように論文を見て欲しいと思うようにな

ります。そして1年中博士課程や修士課程の学生が研究室に押し寄せてくるのです。このことは研究時間に多大な影響をもたらしています。以前であれば7月15日には研究調査に出かけ，夏休みの間も1人か2人の博士課程の学生に会う程度で9月15日に大学に出校したものです。しかし今では個別指導を望む学生のために夏期の研究時間が削られつつあります。

　例えば私はこの夏に5つの論文を書きましたが，最初の2つが完成しただけで，他の論文は9割の出来です。ほんの2日あれば残りの3つの論文を完成できたのですが，修士課程の学生の論文締切が本日だったので私の論文を完成することができませんでした。今週はこの夏初めて5日間，まるまる予定がなく研究に没頭できました。この研究時間の極端な減少こそが，私たち研究者にとって非常に大きな問題なのです。

──**そのように多忙な中，教育をも含めて，研究をその高いレベルで維持するためにどのような方法を取られていますか。**

　ありていにいえば，教員の大半は週末の深夜まで働いています。教員は現在おそらく他のどの職種よりも重労働の部類に入るでしょう。職業上のストレスはこの10年間に劇的に増加してきました。同僚の多くは非常に真面目でよく働きます。週末も研究室には多数の教員が残っています。こういうこ

ロンドン市内のレンタル自転車

とが起きていること自体，私たちの教育・研究システムの構造が悪化しつつあるということを意味するのです。学生の教育という名目で，細かな官僚的統制がはびこり，研究の質を落としているのです。

——多くの教授が，行政上の提出書類や業績評価のための膨大な書類を準備するといったペーパー・ワークの重圧から逃れるために，早期退職したいと言っていると聞きましたが。

　全くその通りです。大学の教員だけではなく初等・中等学校の教師も同じ状況にあります。ある情報によれば校長の多くが早期退職しています。私自身少し身体の具合がよくないので，私は大学での仕事が大好きですし，早期退職したいとも思いませんが，健康のことを考えると早めに退職することが賢明かな，と思っています。健康なまま85歳まで生きたいならば即刻退職すべきでしょう。実際，仕事の重圧が私の命を削っています。他の同僚も同じでしょう。尋ねてみてください。仕事の重圧のことや週末の仕事のこと，ヨーロッパの研究機関と共同研究の契約を結ぶためにくたくたになるまで仕事をしていることについて，誰もが同じように感じているに違いありません。

　私が勤めていた頃のアメリカの大学とは全く違います。70年代に私が勤めていたアメリカの大学では前期に2つ，後期には3つの講義をもちました。それだけが私の契約書の内容で，その他の時間は自由で昇進するかどうかは業績次第でした。この研究所でも前期に2つ，後期に3つの講義をもっていますが，学生によって拘束される時間が細かな規則でがんじがらめになっているのです。

> ## 大学のシステムそのものが
> ## アメリカナイズされていくことが心配です

——しかしアメリカの大学ではもっと厳しい競争があるのではありませんか。
　確かにそうでしたし，今でも厳しい競争はあります。しかしイギリスの大

学システムも今日非常にアメリカナイズされ競争の渦中に置かれています。全教員の業績は常に入念に調査されており，国家レベルではイギリスはアメリカよりももっと業績を細分化しています。

　単著の本が何冊か，共著の本が何冊か，審査つきの学会誌に載った論文が何本か，会議で発表した論文は何本か，本の章を何章書いたか。そしておそらく新聞に論説を書いたことやラジオで話したこと，外部研究資金の獲得数と資金額が正確に把握されているのです。

　すべての高等教育機関がこういった情報を収集しており，イギリス国内の教員の業績を知るためにきめ細いシステムを作り上げているのです。しかもこれは国のルールに則った国家規模のシステムです。効率的かつ効果的な大学行政を望む保守党政府の努力の結果といえましょう。

　過去において保守党政府は数多くの機関を設置しました。例えば高等教育財政審議会です。審議会は業績を測るための6段階評価法（最高点を「5*」とし，5，4，3，2，1の順に評価をつける）を編み出しました。そのシステムで各大学，各学部，各学科を評価付けし，博士課程の卒業者数を測り，業績を測り，リサーチをどれだけの数こなしているかを測って，評価を与えるのです。さらに講義でさえも測ろうとしています。ある意味では今日講義をも測ることができます。しかも国家レベルで講義を測ろうとしているのです。

──高等教育の講義の質の調査ですか。

　そうです。バーネット（Ronald Barnett）[*1]の率いるチームは高等教育の講義の質の計測法に関して5年間，調査および実験を行ってきました。その調査や実験結果はすぐに国家レベルで活用され，講義の質の評価法として活用されることでしょう。その結果，イギリス国内の全講義が評価されるのです。

──非効率を減らそうとしているのに逆にコストがかかるように思えますが。

　その通りです。*Times* や *THES* においても批判が掲載されました。学長たちが「見よ。この研究評価のために私たちの大学では100万人分の時間を費やした」と数字を示して見せました。実際，コストがかかり，私たちのこの研究所でさえ情報管理のために多くの管理者や運営者が必要となります。こ

の官僚的で面倒な手続きのために余分の人員を雇わねばなりません。そういう意味ではとても高くつくシステムです。

——高等教育の管理・行政に大きな変化が生じたということでしょうか。

　そうです。講義や大学院，業績水準への管理が起こりました。これらはすべて国の評価政策から考え出された管理方針であり，大学支配なのです。結果，教育，研究，研究資金，学界での業績評価，学生の待遇など大学文化が大きく変化していくことは自明のことだと思われます。

　政府の補助金はどんどん削られ，新規参入してきた新大学を含むすべての大学間で競争が激化している状態なので補助金獲得は非常に難しくなってきています。また，ひとつひとつの補助金額は少なくなってきているといえます。高等教育は今やビジネス・ゲーム化したのです。

> ## 大学での管理強化は，イギリスの高等教育界に
> ## 重大な影響を及ぼしました

——大学に対する政府の圧力はまだそれほど強化されてはいないようですが。

　いや，管理・運営問題と深く関わっており，多くの問題をはらんでいます。ここでの重大な問題とは部長（Dean）職の設置です。部長職という役職は以前はありませんでした。所長と所長代理がおり，次に大きな力をもった教授たちがいました。「力がある」という意味は，この研究所全体に影響力をもつ，という意味です。ピーターズ教授やバーンスタイン教授，ローライト教授，ブラウン教授らのことです。彼らは委員会において重要な地位を占めており，この研究所の運営権を握っていましたが現在ではこの研究所での教授たちの影響力は失われ，所長と部長が力を握っています。その力は官僚的なやり方で発揮されます。教授たちはデシジョン・メーカーとしての決定権を剥奪されたのです。所長と部長は管理や運営，情報，といった外圧に抵抗しており，以前は教授が責任をもっていましたが，今では管理者が責任をもっ

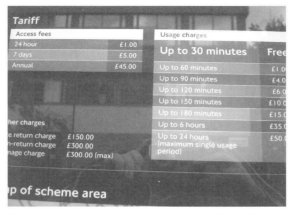

自転車レンタル料金（ロンドン）

ています。

　私が思うに，このことがイギリス高等教育システムの最大かつ重大な変化のひとつだと考えています。権力が一箇所に集中し，他のすべてを支配する。その頂点に立つ管理者の意向が研究方向や運営方法を決定付け，教育活動や研究活動に影響を及ぼし，結果的に業績評価に影響を与えます。これは重大な変化です。オックスフォード大学の場合，大学自体が多くのカレッジからなる複雑な組織構造でもあり，またそれぞれのカレッジや教授陣がなんらかの抵抗をしているので変化はわかりにくいでしょう。しかしこの研究所のように市場に組み込まれた場所では明確に表面に出てきています。

——そのような変化への抵抗はありますか。

　いいえ，所長たちの力は強大過ぎます。現在部長と呼ばれる管理者と対応していますが私は彼らの要求すべてに従っていますし，また部長の権力に対抗するだけの力はとてもありません。

——ストライキはないのですか。

　ありません。イギリスの教員は一般的にストライキをしません。ラテン・アメリカの大学ならば，この大幅な改革のあった数年間はストライキをしていたでしょうが，ここではしていません。

──新しい管理・行政によって学生の待遇がどのように変わったと思いますか。

　新しい管理・行政の結果，すべての教員が学生の扱いという点では決められた最低限の扱いをするようになったということです。それ自体はよいことです。というのも昔はちょっとした宝くじのようなもので，指導教員が良心的で研究熱心な人であれば学生にとっては幸運で，一貫して優れた指導を受けられましたが，当たりが悪ければひどい指導を受けることになったわけです。しかし新しい体制によって，個別指導の回数や指導後の記録といったものは少なくとも平均化し，指導教員はチェックされていますから，一学期に3回ないし5回の個別指導を担当するようになりました。それ自体は改善と呼べましょう。すべての学生がほぼ同じ指導を受けることができるようになったのですから。

大学がスーパー・マーケット化していくのです

──あなたが話された新しい改革はイギリスの高等教育機関全体に通じることでしょうか。

　そうです。教員が国際的評価を得ているオックスフォード大学やケンブリッジ大学のようなところや，ギデンズ（Anthony Giddens）のような所長を戴いているLSEのようなところではそのプロセスは遅々としているかもしれません。しかしこの国の代表的な社会理論学者であるギデンズのような所長でさえ，彼個人の見解にもかかわらず国の定めた規則に則って働かねばならないのです。所長に誰が選ばれるかによってどの程度国の規則に抵抗できるか，規則を拡大解釈できるか，が決まります。しかし規則を無視することはできません。LSEやこの研究所やSOAS（School of Oriental and African Studies（ロンドン大学・東洋アフリカ研究学部））の所長には選択肢はないのです。

　問題は規則をどのように利用して研究評価において「5*」か「5」の評価

を得るかという点に絞られます。「5*」か「5」の評価を得ることが私たちの仕事であり，またこの研究所も最高の評価を得ることで外圧から守られるからです。規則の無視は政府からの大学への補助金カットを意味するわけですから，それは考えられません。スーパー・マーケットなら破産してしまいます。私たちはある種のスーパー・マーケットを経営しているのと同じことなのです。

　概してこの研究所の教員たちは優秀ですし，組織も非常に上手く動いています。しかし現在起こっていることについての危惧はなくなりません。「5」の評価か，できるならば「5*」が必要なのです。なぜならば私たちはこう宣言しなければならないからです。「私たちの研究所はこの国で最高の高等教育機関です。私たちは真の国際レベルの研究者なのです」，と。もしも「4」の評価を取ったりなどすれば最悪で，とんでもない窮地に陥ります。辞職する必要はおそらくないでしょうが恐ろしいほどの圧力がかかり，再び「5」を取るまで最大の努力が強いられるのです。

　——高等教育機関がスーパー・マーケットと化し，高等教育が商売となるならば，そこで育つ学生たちはまさに商品と化すわけですね……あなたは研究の未来を憂慮しておられますが，研究および教育の質を維持するために現在できることは何でしょうか。

　教育および研究の質を申せば，今後20年間私たちが「5」を取り続けるのは確実でしょう。もし私が所長ならば研究者にこう言うことでしょう。「よろしい。私は諸君に真の国際的な質の学問をして欲しい。国際的な研究成果に基づいて諸君を昇進させよう。国際ゲームをした者は昇進し，国内ゲームをした者に昇進はない。いいですか，目立つためには国際ゲームをすることだ。君の仕事は世界の注目を集める。もしそれができなければ君は教授にはなれない。しかし，その間諸君，研究評価の報告書作成等煩雑な仕事は何もしなくてよろしい」，と。言い換えれば最初の半年は研究に焦点を合わせ，国の研究評価は無視しよう，ということです。

　アメリカの大学出身の新部長はマーケット志向です。この研究所を市場化

しようとしているのでしょう。しかしイギリス人はマーケティングがあまり
上手くはありません。私に人事権があればアメリカ人を雇用しますよ。ある
いは香港の中国人をね。そしてこう言います。「さあ，今年は800万ドル稼
ぎましょう」とね。アメリカでは当たり前なのですが，このような企業家精
神をもっているイギリス人はとても少ないのです。

インタビューを終えて

　文化的，慣習的相違を考慮せず，他国の教育制度を移植や借入することは
危険を伴う。苗木はその地に根付くことはなく，一層の荒廃を生み出すこと
にもなりかねない。「教育」そのものが，その影響あるいは成果が現れるま
でに年月がかかると同時に，失敗したからといってすぐに修正が効くもので
もないからである。福祉も同様である。福祉や教育には多額の資金を要する
ものであるが，要するものであるからこそ，公的資金の導入により十全のも
のとなりうる。そして，この2つ，福祉と教育，が国民の満足度や幸福感を
高め，その結果として経済の安定へと国を導く民主主義の根幹となるものだ
と考える。

　教育の「質の管理」とそのための評価，といった政府が掲げたレトリック
が，逆に大学から反論すべきレトリックを奪い去ってしまった。「正義」を
唱える人々にあらがうことが難しいように，誰も「質の管理」という言葉に
反論することができない。大学や社会はそれらレトリックに絡め取られてし
まったともいえる。「効率性」，「顧客」，「質の管理」，「水準」，こうした言葉
を政府は巧みに使い分けながら大学を統制することに成功した。伝統的大学
を除くイギリスの大学は，サッチャー政権が意図したように政治的な戦い[*2]
に完全に敗れたともいえる。

　将来具現化されるであろう日本の大学の姿が，まざまざとコーエン氏のイ
ンタビューの中に映し出されているような思いがすると同時に，表面に表れ
る現象に囚われることなく，潜在的な物事の本質に至ることの難しさを思い
至らせるインタビューであった。

1）「学生は受講する講座に関しては非常に現実的で，哲学や心理学および経済学などを専攻する修士課程の学生数は激減し，職場での昇進にすぐに結びつく講義に人気があつまる」，ということだが，この傾向に関してあなたはどう考えますか？

2）「学生の受講パターンというものも結局のところ雇用者側の雇用パターンを反映しているに過ぎないということです」という彼の言葉をわかりやすく説明してください。

3）サッチャー時代，つまり保守政権時代の改革の長所と短所を考えてみましょう。

4）「効率面から眺めれば留学生獲得は優良マーケットだとみなされがち」ということですが，それはなぜでしょうか？

5）また，「それはそれで大学にとっては危険な資金収集法でもあります」ということですが，それはなぜでしょうか？

6）「効率的かつ効果的な運営が大学を破壊過程に投げ込むことになるのです」，この言葉は一体何を言っているのでしょうか？

【解　説】
(*1) ロナルド・バーネット (Ronald Barnett) が考える 21 世紀に出現する大学

The borderless university	ボーダーレス大学
The civic university	市民大学
The socially engaged university	社会貢献する大学
The collaborative university	（他大学や機関との）共同的大学
The corporate university	企業的大学
The cosmopolitan university	コスモポリタン大学
The ecological university	エコロジカルな大学
The edgeless university	デジタル大学
The enquiring university	問い続ける大学
The entrepreneurial university	企業家的大学
The European university	ヨーロッパ的大学

　彼は，ネットワーク／繋がりの重視／グローバルな福利／グローバルなコミュニティー／グローバルな改善への関心を有しながらも同時に開放性を含んでいる大学が，将来の大学として期待される，としている（筆者が主催した2015 年 9 月 11 日の広島大学・高等教育シンポジウムでのバーネット教授の発言）。

(*2) 1979年の保守党政権確立後には，さらに教育の変革を求める気運が急速に高まった。政治，金融，産業等の勢力が教育を支配し，教育を疑似市場モデルに同化させる動きが起こった。保護者の権利の強化や産業界に通じる職業教育の重視がサッチャーの教育政策の中でも主要な政策題目となった。特に，教育を競争的市場の渦中に置き，保護者を消費者という立場からアリーナとして設けられた競争的市場に追い込み，市場での個人的選択を増やすことが保護者の権利であると政府は主張した。このレトリックは，個人にとって教育を身近なものに置くことになり，大学も市場で売り買いされる物のひとつになったのである。

　サッチャー政権の出現により，イギリスの大学が長い歴史の中で培ってきた大学自治の伝統も，政治的かつ経済的要請の結果，20 世紀には変貌を余

儀なくされることになった。サッチャーは，費用対効果の観点から教育を商品と見なし，学生を顧客（customer）とする市場主義の中で，効率性を求めた白書や教育法を次々と提出し[1]，財政問題を中心とした政府の介入が推し進められていった（Brooks 1991）。

【引用文献】

秦由美子（2014）『イギリスの大学─対位線の転位による質的転換』東信堂。

Brooks, R.（1991）*Contemporary Debates in Education: A Historical Perspective.* London: Longman.

カティーサーク
（19 世紀に建造された高速帆船，ティークリッパー）

1）1944 年から 1976 年までの間に出された政策に関する法律は，3 つの教育法，つまり，1944 年教育法，1971 年教育（ミルク）法：サッチャーが教育大臣の折，学校の無料のミルクを有償化した法，そして 1976 年教育法：公立の全中等教育学校への生徒の受け入れが無選抜になった，のみであったが，それと比較して，1979 年から 2000 年までの間には 30 以上の教育法と多数の細則や法令が出された。

"Continuous effort, not strength or intelligence, is the key to unlocking our potential." By Winston Churchill

In this world there are some people who engage in rewarding and splendid jobs, while some others are working in routine jobs without compliment or the ability to enjoy the results of their labours.

May is recognized as a time when weariness or lassitude arise in the work place in Japan. What is the driving force for us to continue to work enthusiastically?

Japan has progressed through numerous technological innovations, wrought by the skills of Japanese craftsmen. The quality of products made in Japan has received worldwide appreciation, because of its craftsman's commitment to their skills and their workmanship. Hope and pride get them through the tough grueling work.

Thinking about my job as a researcher, the work is repetitious and unexciting. However, we finally reach our goals even if we make a detour along the way, and so get to enjoy the fruits of our work.

Through contemplation and meditation, we will be able to choose the best way to live. And to achieve our goals in life, we must conquer the temptation to give up, nurture deeper thinking, find the essence of the best way to solve problems, and grow in confidence and satisfaction.

The reading of all good books is like a conversation with the finest men of past centuries.

By René Descartes

「あらゆる良書を読むことは，過去の最良の人たちと会話するようなものだ」

ルネ・デカルト

第5章

イギリスの職業教育
労働市場が求めるのはバランスのとれた人材です

アンドリュー・グリーン（Andrew Green）
ロンドン大学・教育研究所／リーダー

1954 年生まれ

1975 年にオックスフォード大学を卒業（英語・英文学）

1979 年に文化研究で修士号（バーミンガム大学）

1981 年に PGCE（ロンドン大学・教育研究所）

1981 年より 88 年までサウス・イースト・ロンドン・カレッジにてコミュニケーションと社会学のレクチャラーとして勤務

1988 年に比較教育史の博士号（バーミンガム大学）

1988 年より 90 年までテームズ・ポリテクニクにて教育史と政策のシニア・レクチャラーとして勤務

1990 年よりロンドン大学・教育研究所にてレクチャラーとして勤務，その後リーダーとなり現在教授

主著：*Education and State Formation : the Rise of Education Systems in England. France and the USA*, 1990. *Education, Globalization, and the Nation State*, 1997.

共著：*Youth, Education and Work : World Year Book on Education*, 1995. *Education Limited : Schooling and Training and the New Right since 1979*, 1991. *Changing the Future*, 1991. その他論文多数。

——**イギリスの職業教育についての全体像から**お話しいただけますか。

　イギリスの教育システムはイングランド・ウェールズと，スコットランドとでは違いがありますので，ここではイングランド・ウェールズの教育についてお話しします。

　義務教育後の教育は，大きく 3 種類に分けることができます。ひとつは 6 年間一貫教育の中等学校，2 つめは継続教育カレッジ，そして 3 つめが職業カレッジ＋継続教育カレッジの性質をもつ職業教育専門機関で，これは 6 年間教育で，教育内容も充実しています。これら 3 タイプの学校は，通る道も

違えば到達点も異なります。まず，最初のタイプの学校は，GCE・A レベルの取得が，高等教育へ進むメイン・ルートです。A レベルでは，学生は通常 3 科目（多くても 4 科目）を受験します。

——イギリスの職業資格には 2 種類ありますが，それぞれの特徴と相違点はどこにあるのでしょうか。

　全国職業資格（National Vocational Qualification: NVQ）と一般全国職業資格（General National Vocational Qualification: GNVQ）の 2 つがあります。NVQ は 1990 年につくられ，学校数は数百に上ります。職業に応じた訓練を実施する学校で，最終的には 900 近くの学校がつくられる予定です。学校は継続教育カレッジや企業内部，また失業者訓練政策の一環として設けられています。訓練は職場やカレッジ，およびそれら双方で行われます。NVQ では特定の職業に対する専門性の高い，限定的な教育を行っています。しかし多くの若者にとって，義務教育終了時の年齢（16 歳）で将来の職業を選択することは極めて困難です。職業を選択するには時期的に早過ぎるのです。

　2 つめの GNVQ は，NVQ への反省から政府が 1991 年度の白書で発表したものです。NVQ より幅広い選択肢をもった職業資格が設定され，現在急速に拡大しています。そのまま就職することもできますし，また大学進学も可能な資格で，学生は職業に応じて求められる知識や技能だけではなく，一般教養も学べ，職業訓練の面においても柔軟に対応できています。職業は類似する職能によりグループに分けられ，例えばホテル業とケータリング・サービス業は同じグループで，ビジネス関連もひとくくりで考えられます。GNVQ は魅力的な資格で人気があります。

　NVQ と GNVQ には 5 段階のレベルがあります。低いレベル 1，中等教育修了一般資格（General Certificate of Secondary Education: GCSE）に等しいレベル 2，A レベルと同等の大学入学レベル 3，学部生レベル 4，そして院生レベルの 5 です。レベル相互の関連性は希薄で，レベルは階級区分として機能します。

　以上 5 段階のレベルと，冒頭に述べた 3 通りの道が基本としてあるわけで

表 5-1　高等教育に相当するイギリス全国資格枠組み

旧全国資格枠組み	全国資格枠組み（NQF）			高等教育資格枠組み (FHEQ)	
レベル5	レベル8	特定領域の第一人者，トップの実務者 （BTEC Advanced Professional Diploma, Certificate, Award/City & Guild Fellowship）		D/8	博士
	レベル7	上級専門家，上級管理者 （BTEC Advanced Professional Diploma, Certificate, Award/City & Guild Membership/NVQ）		M/7	修士
レベル4	レベル6	知的専門職，専門管理者 （BTEC Advanced Professional Diploma, Certificate, Award/City & Guild Graduateship）		H/6	第一学位
	レベル5	高等技術者，高等管理者 （BTEC Professional Diploma, Certificate, Award/NVQ）		I/5	ディプロマ（foundation degrees 等）
	レベル4	技術・専門職，従業員管理・指導 （BTEC Professional Diploma, Certificate, Award/City & Guild Licentiateship/NVQ/Key Skills）		C/4	サーティフィケイト（HNC）
レベル3	レベル3	後期中等教育段階 （GCE・A レベル /NVQ /BTEC Diploma/Key Skills）	ディプロマ	上級	
レベル2	レベル2	義務教育修了段階 （GCSE（A* ～ C 評価）/NVQ/Key Skills）		中級	
レベル1	レベル1	GCSE（D ～ G 評価）/NVQ/Key Skills		基礎	
入門レベル	入門レベル	Entry Level Certificate（1 ～ 3 段階）			

注：BTEC とは，ビジネス科学技術教育審議会（Business and Technical Education Council）の略式名称。
（出典）Quality Assurance Agency for Higher Education (QAA) 2008. を基に作成

す。GNVQ のレベル 3 が，現在のところ A レベルの平均水準に匹敵すると
されていますが，目標はこれを A レベルと同等の資格にすることです。政
府の方針では，A レベル取得者数を現状維持のまま，GNVQ 取得者数を A
レベル取得者数にまで高めることにあるといっていいでしょう。

──NVQ と GNVQ の現在の状況をお教えください。

　義務教育を終了した 16 歳の若者の約 70％が学校に付設されたシックス
フォームか独立したシックスフォーム・カレッジへ進学し，2 年間大学進学

のための準備教育を受けます。その進学者の内約38％がAレベル取得を志し，NVQ取得を志望する学生はわずかです。一方GNVQの志願者数は，正確な人数は把握していませんが急増しています。その結果，GNVQの取得者も急速に増えつつありますが，政府の方針実現までにはまだしばらく時間が掛かりそうです。政府は公式にレベル3を上級のGNVQもしくは上級のNVQのAレベル2つと同等と定めましたが，実際，両資格はGCE・Aレベルとは非常に異なったものなので社会には浸透していません。目標は卒業者の65％がこのレベルに達することですが，現状ではおそらく45％程度でしょう。

——**外国の職業教育と比較した場合，イギリスの職業教育のレベルはどの程度の水準にあるのでしょうか。**

　フランスやドイツでは，イギリスのAレベルに相当する資格の取得者数が全体の65％を超えています。イギリスはこれらの国に追いつこうと努力しているのです。日本の場合は高等教育の基準が異なるため比較は困難ですが，卒業者数が非常に多いことは事実です。日本との比較では，これまでにもいくつかの調査が行われました。例えばシッド・プライス（Sid Price）は，国立経済・社会科学研究所（National Institute of Economic and Social Research）の要請を受け，シラバスを中心にイギリスと日本の職業高等学校の水準を比較しています。彼は特に数学に焦点を当て，イギリスのビジネスおよび技術教育審議会（Business and Technology Education Council: BTEC）[1]の資格と比較しました。BTECは3段階の訓練を提供しており，レベル3の資格も取れ，上級BTECはGNVQと同等に扱われます。彼の結論によると，日本のレベルとイギリスのレベル3課程はほぼ同水準とのことですが，私が文献を読んだ

1）1930年代に設立された審議会。ビジネスおよび技術教育審議会（Business and Technology Education Council: BTEC）は，1983年にビジネス教育審議会（Business Education Council）と技術者教育審議会（Technician Education Council）が『ヘイゼルグレイブ報告書（Haselgrave Report）』後に合併されてできた審議会である。BTECは職業訓練を提供し，その訓練は3段階（First, National, Higher National）にわかれている。またそのそれぞれの段階には，就業しながら通常2年間のパートタイムの訓練による証書（Certificate）あるいは，2年間のフルタイムまたは3年間のサンドイッチ・コースの訓練でのディプロマが取得できることになっている。

地方都市の駅

り，日本で実際に話を聞いたところでは，日本の職業高等学校の水準は多様であり，彼の結論と実状との間には開きがあるようです。いずれにせよ，イギリス政府の目標達成（レベル 3 の取得者を 65％にまで拡大すること）には長い道のりとなりそうですね。

——NVQ と GNVQ の抱えている問題点について，お話し願えますか。

　イギリスでは昔から，16 歳以降も学校に通う人の割合はそう多くはなく，最近になってやっと増えてきましたが，他のヨーロッパ諸国と比べると，まだ十分とはいえません。そのため私たちは 16 歳以上の学生数を増加させるためにも職業教育の水準を高める努力をしています。NVQ や GNVQ などの資格も同じ狙いで創設されました。しかし前述したように，NVQ は若者の将来を早期に限定してしまう問題があるため，新たに GNVQ がつくられたわけですが，こちらにも全く問題がないわけではありません。確かにGNVQ は人気があり，多くの学生がこのコースを選択します。人気の理由は GNVQ の学習形式がグループ単位での参加型学習で，評価の対象が専門分野に限られていることです。また，試験もそう多くはありません。学生自治も認められています。

　人気の点では GNVQ は成功しているといえるのですが，問題は資格取得

率の低さです。GNVQ を目指して入学した人のわずか 40％しか資格を取得していません。GNVQ は 2 年間で取得することになっているのですが，その間の取得率が 40％ということは問題です。その後退学する者もいれば勉強を続ける者もいますが，3, 4 年後に彼らが資格を取得できているかどうかは不明です。このコースが実施されてから年数が浅いため，まだ参考となる情報が得られていないからです。しかし，多くの学生が予定期限内に資格を取得していないことは明確で，これは留意すべき点です。

　中退については，義務教育年齢以降のすべての教育課程に共通する問題でもあり，教育課程の修了，卒業試験の合格は誰にとっても重要なことであるにもかかわらず，約 30％の学生が中退していくのです。しかもここでいう試験とは，現在のところ決して高いレベルにあるとは考えられていないものなのです。教師や学生に人気の高い GNVQ ですが，一方で目的が不明確であるとの批判も多く受けています。

――**GNVQ コースは大学進学につながっているのでしょうか。課程の学習内容とも関連してくることですが。**

　アリス・モース（Alice Morse）が行った調査では，GNVQ の取得者のほとんどが大学への進学を望んでいるとの結果が出ています。問題は GNVQ コースの学習内容が必ずしも大学進学には適していないこと，そして大学側も GNVQ コースからの進学希望者の受け入れにあまり積極的ではないことです。結論的なことを語るには早過ぎる段階ですが，GNVQ 取得者の大学入学率は極めて低いのが現状です。GNVQ は高等教育進学に直結する資格ではありません。高等教育への進学を望むなら，A レベル課程へ進む方が，入学率も高く，また入学後の勉学にも役立つでしょう。NVQ，GNVQ コースでは大学進学のための教育が A レベルほどには充実していないのです。

――**職業教育の基礎学力の問題については，どのようにお考えですか。**

　主題はあくまで職業能力を身につけることにあり，基本的な計算能力や人々と協力し，仕事を遂行するための社会的コミュニケーション能力等が職業訓練プログラムを通じて養成されます。ですが，問題解決能力や言語表現

を高めるためのクラスが設けられているわけではありません。しかもこれらは科目別に教えられるわけではないので，学生の基礎知識は欠けたままです。特に数学と国語のレベルが低く，とりわけ作文能力に問題が見受けられます。大学入学時の数学と国語の学力も決して高いものではありません。在学中も独立した科目として教えられることなく，職業訓練の一環として扱われるだけで，たいした学力向上は望めません。これは，日本ではあまり見られない現象でしょうが，大きな問題です。

　書くこと，話すこと，聴くことなどのコミュニケーション能力は，職業と関連して評価されます。日本の高等学校では，国語，理科，数学といったふうに科目別に分けられていますが，イギリスでは職業訓練を通じ，全体として学ぶのです。もちろんワークショップなどグループ学習型の授業もありますが，国語，数学といった科目は存在しません。この点は議論の分かれるところです。狙いは，職業教育を通じて基礎学力を身につけることにより，学生の興味や自主性を喚起することなのですが，ほとんどの学生は国語や数学が嫌いですし，勉強自体そう好きではありません。ですから彼らのやる気を高めることがまず重要です。しかし科目別の垣根を取り去ったことで，基礎学力の低下を招く結果になったのではないかとも懸念しているのです。

——**職業教育と雇用は，直結していると見なしてよいのでしょうか。**

　各レベル資格取得者の労働市場における価値や評価について語るには時期尚早ですが，すでにレベル3は市場に流通しています。それより劣るレベル4は中間的なものとしてありますが，ほとんどの雇用者はその重要性を認めていません。GNVQは価値のある資格として受けとめられているようです。低レベルのGCSE試験のみに合格した者よりも，GNVQ取得者は職を得やすい条件にあるといえるでしょう。しかしAレベルの取得者と比較した場合については不明です。もうしばらく様子を見る必要があるでしょうね。

——**GNVQの導入には，一体どのような意味があったといえるのでしょうか。**

　まず，GNVQが抱えるパラドックスについてお話しします。

GNVQ は就職を前提につくられた資格です。雇用者の要望に基づき仕事に関連したプログラムが組まれています。しかし，GNVQ の就学者の多くは大学への進学を志望しているのです。これはパラドックスです。当初の意図とは異なる方向性です。GNVQ はあたかも学術資格のように扱われながらも A レベルと同等ではなく，それよりは低いレベルに位置します。つまり，GNVQ は職業訓練教育プログラムであるにもかかわらず，教養教育であるかのように学生は受けとめているのです。GNVQ の目標が不明瞭であるとの批判はここに由来します。

　GNVQ は次の 2 点で間違いをおかしているという意見があります。第一は，過小評価された教養教育と過大評価された職業教育，しかもその職業教育も特定の仕事に就くには不十分であり，ただある分野における横断的な総合能力を培うに過ぎない，とする意見です。それに対し，フランスの職業学士課程では，極めて限られた特殊な職業教育と広範な教養教育が行われ，GNVQ とは正反対の内容となっています。私は GNVQ の教育内容に修正を加え，本来の目的（職業教育）に近づける必要があると考えています。

　第二に，A レベルコースと職業教育コース間に歴然として存在する社会的評価の壁は，さらに大きな課題です。A レベルの社会的価値は高く，依然と

ユニヴァーシティー・カレッジ（オックスフォード大学）

して GNVQ はそれより劣るものでしかない。社会的評価の差は明らかに存在しており，これは GNVQ が社会で妥当な評価を得ていないことを意味するのです。私は教員組織，企業，労働組合など立場の異なる団体の声を統合する必要性も痛感しています。

　この問題は私たちのセンターの研究とも大いに関係することになりますが，方法はいくつかあるのです。例えば資格を組み合わせ可能な単位形式で構成する方法です。これについては『デアリング報告書』でモジュール化と単位累積システムとして提案されていますが，私たちのセンターの提案はより根元的な統合を目指すものです。資格を A レベルと GNVQ を合体した「レベル 3」のみとし，免状は一種類だけを与えるようにします。学生全員が教養教育と職業教育を受けますが，割合は個人によって異なります。現在分割されている資格をひとつにまとめることで，学生の選択の自由度が高まるでしょう。もちろんいくつかの科目を必修とすることは必要です。

　しかし残念なことに，提案の実現可能性は低いといわざるをえません。政府はうまく機能している A レベルに手を加えたくないのです。A レベルは確かに，大学で学ぶために十分な学力を備えた学生を数多く養成してきました。しかし労働市場にふさわしい人材を輩出してきたわけではありません。労働市場が求めるのはバランスの取れた人材です。大学を卒業し，専門能力には長けていても，極度に言語表現能力に欠けていたり，数学的能力を欠く人材は，経済界の求めるところではありません。

──雇用者が特定の大学の出身者を優先して採用することがあると聞いておりますが，そのようなことはありますか。

　あります。ロナルド・ドーア（Ronald Dore：第 7 章）が不公平な昇進に関する論文を書いています。他にも事実を裏づける多くの調査報告があります。雇用者は多彩な能力と社会性に富む人材が欲しいと言うのですが，結局彼らが選ぶのは伝統と権威ある学術資格の取得者，もしくはそういった教育機関の卒業者です。

　私は以前バークレーズ銀行の調査をしましたが，その銀行では一流大学出

身者しか採用しません。私には雇用者側が各資格の内容について十分な知識をもっていないことに一番の問題があるように思います。自分があまり知らない資格をどうして信頼することができるでしょうか。雇用者にとっては，最もわかりやすい資格，つまり出身校を採用の目安とする方が簡単です。雇用者はまた，有名大学で頂点に立つ卒業生は，他のあらゆる分野においても優れた能力を発揮すると考えるのです。しかし企業や部署により求められる能力は異なります。雇用者が真に必要とする人材の代わりに，一流大学出身者を採用してしまうケースは大いにあります。日本でもこの辺の事情は同様だと思いますが。

　大学における学士号と修士号の差は歴然としています。同じ修士号でも，大学により同様の差異が生じていると思います。これは修士課程を教えた私の経験からお話しするのですが。ですので雇用者も，求職者の適否を本来の能力ではなく，出身校を基準に判断し始めます。特別な職種以外では，学位の分野はあまり問題とされません。学士課程の学位にはグレード(*1)もあるのですが，これもおそらく雇用者の関心外でしょう。重要なのは求職者がどの大学を出たかということで，例えばケンブリッジ大学出身者なら，入学のために非常に優秀なAレベルの成績が必要だったわけですから，筆記試験でも優れた成績を修めます。日本でも共通の問題を抱えているわけですね。
――イギリスでは大学の修士号の価値が低下傾向にあるというドーア氏の指摘について，ご意見をお聞かせください。

　私もドーアと同じ意見です。イギリスでは10年前までは大学へ進学できる生徒は権力をもつ裕福な家庭で育った，才能ある若者だけでした。高い学力資格をもつ者だけが入学するのですから水準の維持に何ら問題は生じません。しかしその後の高等教育の拡大とともに水準の低下は免れませんでした。入学審査の基準自体が変わったわけではないのです。大学は従来通り筆記試験と論文で学力を測ります。しかし筆記試験や論文では学力が劣っていても，他の面で優れていれば入学が許されるケースもありえます。当然の結果として水準の低下を招き，問題視されるようになりました。かつて大学数

はさほど多くなく，同一水準の維持も比較的たやすいことでした。また，各ポリテクニクの水準も学位授与審議会（Council for National Academic Awards: CNAA）により厳しく管理されていました。しかし現在ではポリテクニクに大学の名称が許され，伝統的な大学と同様に独自の学位を学生に授けることが認められています。基準についてはすでに国の管理下にはないのです。すべての教育機関が独自の基準で資格を授与します。これが現状です。

——イギリスの大学とヨーロッパの大学での大学入学選抜試験の違いを，どのようにお考えですか。

　フランスとイタリアでは卒業率の低さが問題視されていますが，高等教育の水準は保たれています。一方イギリスでは大学入学者の90％が卒業しますし，また，日本も同様ですよね。パートタイムの学生を含むと比率はやや落ちますが，他のヨーロッパ諸国と比べるとイギリスの大学生の卒業率が極めて高いことは事実です。

　ヨーロッパ諸国では歴史的に，大学への入学がそれほど難しくはありません。その代わり入学後に選考が行われ，選別後の学生数は半分になります。フランスの場合，入学者はイギリスよりはるかに多いのですが，入学1年か2年後に選別されるため，卒業率は落ちるのです。しかし卒業者数に2国間で大きな差はありません。したがってこれは選考段階の違いに由来する現象といえるでしょう。

　イギリスではAレベルとGNVQにより早期に選別が行われ，フランスとイタリアでは大学教育課程の中間に選別があります。どちらがよいとは一概にはいえませんが，フランスの大学では高い水準が維持されています。水準に達していない学生をふるい落とすのですから当然です。また教師は多数の落第者をつくらざるをえません。教える学生数が多すぎるからです。事実私が知っているフランスのいくつかの大学の学部では，学科の半数の学生を落とすよう指示が出されていました。イギリスや日本とは非常に異なっていますね。

——卒業資格の大学間格差と学外試験委員（external examiner）制度による高

1960 年代のイギリスの大学数

　1963 年の『ロビンズ報告書』以前にはわずか 31 の大学が存在しているに過ぎず，しかも各大学が受け入れる学生数も少なかった。

表 5-2　1960 年代の連合王国の大学の学生数による規模別高等教育機関分類

学生数	機関数	大学名称
23,000	1	ロンドン
9,000	2	オックスフォード，ケンブリッジ
8,000	2	マンチェスター，ウェールズ（4 カレッジと 1 医学校を含む）
5,000-6,000	3	エディンバラ，グラスゴー，リーズ
4,000-5,000	3	バーミンガム，リヴァプール，ニューカッスル
3,000-4,000	2	ブリストル，シェフィールド
2,000-3,000	3	アバディーン，ノッティンガム，セント・アンドリューズ
1,000-2,000	7	ダーラム，エクセター，ハル，レスター，レディング，サザンプトン，科学技術王立カレッジ（グラスゴー）
1,000 名以下	2	キール，ブライトン
大学として申請中の高等教育機関	6	カンタベリー，コルチェスター，コベントリー，ランカスター，ノリッジ，ヨーク
合計	31	

注：ロンドン大学は，医学校を含む 29 のカレッジや研究所（Institute）からなるが，この表では 1 校と換算する。
（出典）Committee on Higher Education 1963: 25.

等教育機関の水準維持について，お話しいただけませんか。

　学外試験委員制度は，大学数がそう多くなく，入学者数や水準が似通っていた頃は大変うまく機能していたシステムですが，大学間の水準が著しく異なる今日では十分に機能しているとはいいがたい状況です。デアリング委員会は学外試験委員制度の改善と強化を提案しています。教育機関間の水準を比較審査し，水準維持を図るための学外試験委員の公的な組織づくりです。よいシステムなのですが，問題は私のように大学で教える者の中に学外試験委員のなり手がいないことです。報酬は低く，拘束時間が長く，かといって

サセックス大学

社会的地位が高まるわけでもありません。しかし基本的にはよい制度です。デアリング委員会の提案のように，強化が図られてしかるべきです。

——次に，**継続教育**（further education）**と高等教育の関係と準学位**（sub-degree）**課程の充実についてお話しいただけるでしょうか。**

　過去数年間でカレッジに代表される継続教育と，輪郭の曖昧な高等教育に変化が起きました。高等教育カレッジのみならず，高等教育財政審議会は地域で高等教育レベルの教育を実施する継続教育カレッジにも公的資金を提供するようになったのです。いくつかの大学では，例えば学位課程の初期部分をカレッジが教えるといったカレッジとの連携を制度化しています。継続教育カレッジでも，多くの学位課程教育が行われるようになりました。高等教育カレッジにも学位課程や大学院ができ，同様の教育を行う継続教育カレッジとの合併も出てくることでしょう。

　このように2セクター（継続教育セクターと高等教育セクター）間では多くの権利委譲と連携が図られ，ある意味で境界が薄れてきています。高等教育における準学位（sub-degree）課程の充実は目標のひとつですが，芳しい成果は挙げられていません。第一学位（first degree）取得には通常3年かかるのですから，もっと多くの学生が準学位課程を履修することが望まれます。この

準学位課程とは，例えばＡレベル後の２年間のHND（Higher National Diploma）の準学位課程であり，このHNDはGNVQに基づいてつくられましたが大変実績のあるもので，1960年代から70年代にかけて夜間コースとして始まり，高い評価を受けました。このレベルの資格取得者に対する労働市場の需要は極めて高いと思われます。特にエンジニアリングや高度な科学技術を扱う分野ではなおさらです。

　準学位課程の履修は雇用者の強い要望に応えるだけでなく，３年間高等教育機関で頑張っている多くの学生に新たな道を拓くものともなります。学生は労働市場で特別な価値をもつ資格取得のために，第一学位課程よりも短期間で充実した職業教育を受けることを好むのではないでしょうか。私は学生に準学位課程の履修を強く薦めています。

──『デアリング報告書』についてのご意見をお聞かせください。

　デアリングの提案のひとつは，教育の質を維持し，向上させるものです。例えば比較可能な水準を設けるための強化策などは秀逸でした。また特別な高等教育と，そこで教える認定教員養成課程を備えた教育機関の設立案もありました。現在高等教育機関で教鞭をとる者のほとんどは教員としての専門教育を受けていません。教育指導する側の能力向上を促すとてもよい案です。研究補助金増加案もありましたが，実現すれば素晴らしいことでしょう。

　補助金削減なしに高等教育の普及を目指す案も盛り込まれていました。今まで以上の資金削減は望ましくないという意見がありますが，人々が口にするほどイギリスの状況はひどくないと私は考えます。フランスやイタリアの大学に行けば，資金削減の実態とは一体どんなものかがわかることでしょう。ひとつの教室に500人もの学生が詰め込まれ，研究資金は圧縮され，研究者は心血を注いだ仕事に対しわずかな報酬しか得られないために，多くの才能ある研究者が国外に流出しています。非常に深刻な問題となっているのです。

　高等教育の普及に関して現在私が最も懸念することは，卒業者の就職率の低下です。『デアリング報告書』によれば他国の達成目標と同様に，学位および準学位レベルの卒業者が45％に達することが望ましいそうです。日本

では高校卒業者の進学率は 39.7%
ですね。韓国もほぼ同率です。イ
ギリスでもコミュニティ・カレッ
ジを含めれば 50％になりますが，
コミュニティ・カレッジは私たち
の意味する高等教育の水準よりも
学位レベルが低いのです。私たち
はカレッジと高等教育機関をはっ
きりと区別しており，カレッジは
たとえ高等教育課程の一部を開設
していても，継続教育機関と見な
されます。しかしこの明瞭な区分
も崩れる方向にあります。

ウィンチェスター・カレッジ
（最古のパブリック・スクール，1382 年設立）

──**日本の短期大学と同等なレベ
ルの教育といえば，イギリスでは
何に相当するのでしょうか。**

　日本の短大とは高等学校卒業後の 2 年間教育のことですね。イギリスで該
当するのは恐らく HND でしょう。A レベル後にやはり 2 年間学びます。

　アメリカの場合を考えますと 2 種類に分かれます。4 年間の州立および私
立大学と 2 年間のコミュニティ・カレッジです。両者の数字を合わせるとア
メリカの卒業率は著しく高まりますが，これは私がアメリカのコミュニ
ティ・カレッジで教えた経験からいえることなのですが，コミュニティ・カ
レッジの学位の水準は，ヨーロッパ諸国の学位とは比べようもないほど低い
のです。日本の短大の水準については知りませんが，少なくともアメリカの
コミュニティ・カレッジを数字の対象に加えることについては慎重にならざ
るをえません。コミュニティ・カレッジを修了した学生の大半が大学へ進学
し，学位取得を目指すのですが，彼らは補習を受けても学位取得水準に達す
るのは非常に困難です。

──高等教育機関への進学率を何％にまで上げるべきだ，と思っておられるのでしょうか。

　私自身妥当な率を決めかねている状態ですが，先進諸国が目標とする35％は必要と思われます。しかし労働市場がデアリング委員会が提案する45％というこの数字に応え得るかどうかは疑問です。すでにヨーロッパでは高等教育を受けても仕事に就けない人々が数多く存在し，しかもそれらの国々の進学率はイギリスよりもさらに低いのです。大学を卒業することで高賃金が得られますが，進学率が高まれば成績による格差が生じ，就職競争を招き，学位に見合う賃金を得られない者も現れます。これは誰も好むところではないでしょう。労働市場がどれほどの潜在力を有するかは不明ですが，45％は少々負担があります。この点に関してはもっと注意が払われるべきです。

　私としては，今まで進学の可能性を閉ざされてきた人々，つまりパートタイム学生，社会人，そして貧困層にいる人々に門戸を広げ，就学の機会を与えたいのです。生涯を通じて教育の機会が得られる社会こそ，私たちが求めるものです。卒業後直ちに進学せずとも済むような，多様性をもった高等教育システムを私は希望します。卒業10年後，15年後であろうとも，本人が望むときに，また必要なときに進学すればよいのです。イギリスの大学には30歳，40歳，50歳でも入学できますが，パートタイムの学生として授業料を納める必要がありますし，奨学金を受けることができません。社会人やパートタイム学生に対する学費面での待遇を従来のフルタイムの学生と同等にする必要があります。『デアリング報告書』によればこれは可能です。すべての学生に学費を課すのです。地方政府も『デアリング報告書』と同様の提案を行っています。この提案が通れば，学生の資金面での平等が実現するはずです。

──高等教育をビジネスの対象としてとらえる人が増加しているようです。大学3年間，または4年間の授業料の徴収をどのように考えておられますか。

　大学は財政面で深刻な状況に追い込まれています。政府からの公的資金供与が少なくなったため，大学も市場原理に基づく競争にさらされるようにな

りました。大学の主たる関心が財政に向けられるようになったのも無理から
ぬことです。しかしその代償として，学生が大学を選択する自由や，平等性
が損なわれるのではないかと私は懸念しています。もし仮に大学別に授業料
が徴収されるようになれば，なおさらです。LSEのような大学が高額の授業
料を課すとは考えられません。経済的に恵まれていないという理由だけで有
能な学生を排除することは，結果的に大学に不利益をもたらすからです。し
かし財政問題を抱えた大学では裕福ではない家庭出身の若者を大学から排除
する方向に向かっていることは確かです。

　授業料の徴収を巡る議論では，貧困層は『デアリング報告書』案より労働
党政府案を歓迎するでしょう。授業料が課せられるのは一定額以上の所得を
もつ人々に限られるからです。しかし難点は税として徴収された資金がまず
国庫に預けられ，直接大学には入らないことです。資金が国庫を経由するた
め無駄な時間が費やされるだけではなく，別の目的に使われる恐れもありま
す。一方デアリング案では，集めた資金が即座に直接大学に入り，しかも徴
収予定額は政府案を上回っていますので，この件に関してはデアリング案を
支持する大学関係者が多いのです。

**――授業料の徴収を巡る議論では，大学以外にもCVCPがデアリング案を
支持していると聞いていますが。**

　ええ。CVCP（イギリス大学長委員会）は政府案よりデアリング案を支持し
ています。デアリング案の方が多くの収入を見込めるからです。デアリング
委員会は大学へできるだけ多額の資金が直接入るように細心の注意を払いま
した。デアリング委員会のシステムが複雑なのはそのためです。政府案の場
合，大学への資金流入額は政府の裁量にゆだねられる割合が高く，不安を感
じざるをえません。しかし学生のことを考えるならば，私は政府案を支持し
たいと思います。ある一定所得以下の家庭の学生からは授業料を徴収しない
からです。高額の授業料には反対です。デアリング案はこの点では，私の意
に反しているといえます。

――この件に関しては，デアリング案に反対の立場とのことですが，高額の

授業料の徴収は LSE からの提案ではなかったのでしょうか。

　その通りです。しかし高額の授業料は大学進学における不平等を拡大します。一流の大学は，財政基盤確保のために高い授業料を課すことができます。労働市場がそれに応えるからです。すると一流大学へ通えるのは富裕な家庭の子女のみということになりませんか。唯一の解決策として考えられるのは奨学金システムですが，十分に機能するとは思えません。LSE のように社会的地位の高い大学は，高額の授業料を課しても有能な学生が集まります。学費が高くなればイギリスの労働者階級出身の有能な学生は進学をあきらめざるをえませんが，海外から優秀な学生がいくらでも有名大学に進学することでしょう。ですから大学側にとっては，入学希望者の減少に対する心配はありません。しかし私は，こういった方向性はイギリスのためにはならないと考えています。

──大学が高額の授業料を課す場合，それは法律で許されているのでしょうか。

　私の知る限りでは，大学が高額の授業料を課すことを規制するには立法措置を講ずる必要があります。仮に政府が，各大学が独自に授業料を徴収することを認めれば，大学は好きなだけ徴収するでしょうし，それを政府が阻止したければ大学の設立勅許状を書き換えなければならないでしょう。すでに授業料の徴収が認可されているコースもあります。MA 課程（修士課程）やPhD 課程（博士課程）ですが，確か金額の決定権は大学にあったと思います。

──日本の教育事情をよくご存知なのでお尋ねしたいのですが，今後の大学の方向性についてはどのようなご意見をおもちでしょうか。

　日本の産業界は基礎科学分野の高度な知識を備えた人材を求めていますが，知識の習得には時間がかかります。教育期間が長期化し，20 代後半までを学生として過ごす者が増えることでしょう。長年日本の教育システムは経済界に多大な貢献をしてきたと思います。だからといって変革の必要性が皆無というわけでもありません。日本の大学院生の数は，そう多くなかったと認識しています。

ラグビースクール女生徒

　アメリカ，ヨーロッパの院生数も日本とほぼ同レベルです。正確な数字を今もっていませんが，MAコースに学ぶ学生数は飛躍的に伸びています。フランスやドイツの大学が４年制なのはご存知の通りですが，相当数の学生が博士課程へ進んでおり，日本の場合まだそのレベルには達していないようです。

　先進諸国の産業界は科学に大きな期待を寄せています。この期待が日本の大学の研究開発を促進する力となっています。その際，日本の大学がもつ高度な科学技術訓練システムがそのまま維持されるように強く希望します。雇用者側は院卒者を避ける傾向にあるようですが，日本の大企業が自社の研究所をもつ傾向は今後も続くことでしょう。イギリスの場合，その比率はさらに高くなるかもしれません。

　企業は科学的素養を備えた人材を必要としています。自社枠内で人材を育成する方が確実ですし，企業と研究機関の密接した連携を確保できます。企業によっては独自の大学院をもつところもあります。産業分野における研究と高等教育，そして学術分野における研究と高度な訓練を隔てる壁は消失しようとしており，産学連携は今後さらに強まることでしょう。

──大学が市場原理や経済の動きに，束縛される恐れはないでしょうか。先日，タイムズ紙高等教育版（THES）に，ある大学の言語学部のイディッシュ

(Yiddish) 語の分野が閉鎖されることが掲載されていました。**日本でもマイ
ナーな学科が片隅に追いやられつつあります。**

　教育界への経済界からの圧力や日本の伝統的教育史観を考えますと，その
恐れは十分にあると思われます。しかし日本の教育システム，とりわけ大学
のシステムが変革の時期に来ていることも事実です。新しい様式を模索する
ことなく，旧来のまま良しとしている点で，私には日本の大学が信頼性を失
いかけているように思えるのです。

　これは私が日本でよく耳にした話で研究に拠るものではありませんが，日
本の教育システムは現場から遮断され，イギリスと比べると政府の強い管理
下にあるようです。事実，日本の教育システムは現場との交流が希薄で，十
分活性化されていない印象を私は受けました。イギリスでは教育改革により
幾分システムが活性化されました。もちろん，大学で職を得ることは非常に
難しいことだったので，大半の研究者は精力的に仕事をしていましたが，不
熱心な研究者もいたわけです。現在そういった怠慢な研究者は見受けられな
くなりましたが，かといって研究レベルは決して高くなってはいません。自
分の専門とする研究が，市場ニーズと合致するまで待つ必要があるからで
す。

　イディッシュ語のような分野は消え去ろうとしています。産業への貢献や
経済的効果を期待できない分野や科目は大きくダメージを受けていますが，
これらの学科を守るための資金供与システムをつくることで，ある程度は解
決できると思います。質の高い研究を行う大学に対しては，たとえそれがマ
イナーな科目でも支援が受けられ，研究実績を上げていれば存続可能です
が，研究評価の低い大学に対しては資金援助をしても効果があまりなく，そ
ういった科目は消滅せざるをえないでしょう。

――最後になりましたが，他にご意見がありましたらお願いいたします。

　利益を生み出す可能性の低い重要な分野が，存続の危機にさらされていま

2）ドイツ語，ヘブライ語，スラブ語などの混成言語で，ヘブライ文字で書き，中・東ヨーロッパ，
　北アメリカなどに住むユダヤ人が用いる。

す。これは研究の将来性を長期的展望に立って眺めた場合，二重の意味で災いです。ひとつには研究本来の目的である知識の探求と文化を損なう意味で，もうひとつは経済的な意味でです。経済を押し進めてきた原動力の多くは，当初は全く役に立たないと見なされた純粋に学術的な研究から生じたものだったからです。世界の重心が学問から経済へ移行したようですね。最適なバランスを見つけることは大変難しいことです。

　かつてイギリスに，そしておそらく日本においても，象牙の塔と名づけられた侵してはならない領域がありました。そこでは市場ニーズを全く視野に入れず，独自の研究に専念する人の姿が数多く見受けられました。しかし過去を振り返ってみて，私たちは間違った方向へ行き過ぎたのかもしれません。現在反対側の方向へと向かっていますが，また行き過ぎてしまうのではないかと私は心配でならないのです。

インタビューを終えて

　あまり日本では知られていないイギリスの職業教育および職業資格の実態が，ある程度理解されたように思われる。グリーン氏は，若く優秀な研究家で，また弱者の立場に立って物事を考えていく人物である。グリーン氏の好意にもよるが，インタビューは御多忙な中，3時間にもわたるものであった。インタビュー後は，その場に列席したそれぞれの研究者が爽やかな思いを懐くことができたことも，氏の人徳によるものであろう。

　グリーン氏は，日本において「産学連携は今後さらに強まることでしょう」と予測したが，まさに氏の語る通りに産学連携は急速に進んできている。また，大学の研究業績も，短い論文や共同研究が多く，発表の場も学内出版物が多くなっている結果，知名度や質もそう高くなくなってきている。一方で，大作とされる著書や長期にわたる研究は縮小傾向にある。歴史学者がまとまった研究をしようとする場合5年，10年はかかるが，その間何ら業績もなく大学に在籍することは極めて困難となり，最終的に大きな価値ある研究成果を残せたとしても，大学の合意を取り付け，孤独の中で研究を続ける覚

悟が必要となる。これは経済的利益を直接産まない人文社会科学全般に共通する問題であり，研究者にとって状況は厳しくなる一方である。オックスフォード大学元学長のピーター・ノースもグリーンと同じ考えに立っていた。つまり，「経済を押し進めてきた原動力の多くは，当初は全く役に立たないと見なされた純粋に学術的な研究から生じたものだった」と考えていたのである。

筆者は，理想や理念や哲学のない経済市場は最終的には衰退していくと考えている。日本の大学が現在置かれている状況はイギリスと同じく，最適なバランスを求めるために，また，新たな修正を求めるために揺り戻しが必要であるのかもしれない。

🎴 ディスカッション 🎴

1) イギリスでは，「雇用者が真に必要とする人材の代わりに，一流大学出身者を採用してしまうケースは大いにあります」と述べていますが，日本ではどうでしょうか？
2) 「私は学生に準学位課程の履修を強く薦めています」とありますが，その理由を述べてください。
3) 日本の短期大学と同等なレベルの教育といえば，イギリスでは何に相当しますか？
4) 高等教育機関への進学率を何％にまで上げることによって，どのような弊害が起こりうるでしょうか？
5) アンドリュー・グリーンが望む高等教育システムとはどのようなものでしょうか？
6) 高額の大学授業料徴収について，グリーンはどのような意見をもっているでしょうか？

【解　説】

学士課程の学位のグレード

　イングランドの大学の学部教育の第一学位課程では，学生は出口の成績によって優等レベル（honours level）と普通レベル[3]（ordinary level）に分けられる。前者が優等学位課程と呼ばれるイギリスの大学においては伝統的な履修課程である。優等学位は資格水準であり，試験結果に従って第一級優等学位（first class honours），第二級上級優等学位（upper second class honours），第二級下級優等学位（lower second class honours），第三級優等学位（third class honours）に分類される。例えば，第一級優等学位は，1）広範囲にわたる知識と正確さ，2）議論と表現の明確さ，3）多様な素材を有益に活用できること，4）幅広い読書量，5）理論面での洞察力の深さの，5つの観点において際立って優秀な学生が受ける学位となっている。

　イングランドとスコットランドでは普通学位の社会的評価が異なる。イングランドでは普通学位は優等学位を取得できなかった学生，つまり優等レベルにまで達し得なかった学生に与えられる学位と見なされている。2001年度に優等学位を専攻する者の割合も，フルタイム学生の93.1%，パートタイム学生も含めた全学生の92.3%と高く，社会の中での優等学位の評価も高い。ところが，スコットランドでは普通学位も優等学位と同等の高い評価が与えられており，この学位を得て卒業する学生は全体の約30%を占める（HESA 2002）。イングランドとスコットランドにおける普通学位の評価の違いは，スコットランドでは最初から資格枠組みの中で普通学位が3年間で学修する学位であるのに対して，優等学位が4年で取得する学位と差異化されて設定された学位であるからである。つまり，普通学位と優等学位は元来異なる資格なのである。一方，イングランドでは優等学位も普通学位も同じ就学年数で取得するものであり，修学後の試験結果が示す第一級優等学位，第二級上級優等学位，第二級下級優等学位は，そのまま学位の質を示すものとなって

3）合格レベル（pass level）と呼ばれることもある。

いる。

【引用文献】

秦由美子（2004）「イギリスの大学展望」日本比較教育学会編『比較教育学研究』
　30, 東信堂：66–80.

Barker, R.（1972）*Education and Politics 1900-1951: A Study of the Labour Party.* London:
　Clarendon Press.

Committee on Higher Education（1963）*Higher Education : Report of the Committee
　Appointed by the Prime Minister under the Chairmanship of Lord Robbins 1961- 63.
　Cmnd. 2154.* London: Her Majesty's Stationery Office.

Dent, H.C.（1962）*The Education Act, 1944: Provisions, Regulations, Circulars, Later Acts.*
　London: London University Press.

Gordon, P., Aldrich, R. and Dean, D.（1991）*Education and Policy in England in the
　Twentieth Century.* London and Oregon: Woburn Press.

Higher Education Statistics Agency（HESA）（2002）*Students in Higher Education
　Institutions 2000/01.* Cheltenham: HESA.

Mountford, J.（1966）*British Universities.* London, New York, Toronto: Oxford
　University Press.

Quality Assurance Agency for Higher Education（2008）*The Framework for higher edu-
　cation qualifications in England, Wales, and Northern Ireland.* London : QAA.

Richardson, W.（2002）"Educational Studies in the United Kingdom, 1940-2002." In
　the *British Journal of Educational Studies*, vol.50, no.1: 3-56.

Shattock, M.（1994）*The UGC and the Management of British Universities.* Buckingham:
　SRHE/OUP.

〈ESSAY〉

The Beauty of Women: Age Paranoia

"The first 50+ Fashion Week: A catwalk show designed for stylish women who don't want to be seen as 'invisible'" The Telegraph on 18 February 2016

At the 2016 London Fashion Week, mail-order retailer JD Williams stablished the first 25-minute catwalk show for older women, a group who often feel ignored in their daily lives and woefully under-represented in fashion. This is also the case in Japan. Women over 40 are regularly seen as sexless, no longer women. Men seek younger women for various reasons. The same is true in the fashion industry. It celebrates youth and suggests that anyone over the age of 30 is irrelevant.

For example, we Japanese have a tradition of match-making to find a suitable partner and get married. However, to participate in it you must be 39 or under. Even women between 25 and 39 find it very difficult to find a partner as Japanese men tend to prefer younger women. It is the same in Japanese Manga (cartoons) and animation where almost all the main female characters are young girls.

However, JD Williams had tasked students from London College of Fashion to create a collection "celebrating the modern 50+ woman". It used the world's oldest working model, Daphne Selfe aged 87 for the finale.

According to the company's announcement, JD Williams is trying to enlarge the fashion market in an economic sense by opening it up to older women. Fashion models over 50 also feel that they lack chances to continue working in fashion.

A 1970s supermodel, Marie Helvin who was born in Japan and raised in Hawaii and is now based in London, was in the past connected with designers Yves Saint Laurent, Karl Lagerfeld and Kenzo Takada. Among them, her favorite was Yves Saint Laurent, but now she is over 60, and no longer wears five-inch heels and wears comfortable clothes from H&M or from the internet.

Once, a female researcher, who is a co-researcher of mine on UK higher education, asked me why I do not work differently from younger researchers. For example, I might concentrate on research only some days and take time off other days, to have a more relaxed life style, which is common among researchers who have lots of experience and knowledge in other countries.

I agreed with the idea. However, in Japan it is not possible to customize the way you work. We try to be fair and equal with workers, and we do not appreciate different abilities or competences at work, even though our government is now seeking certain aspects work-place reform. These might now become a reality due to the experience of Covid-19.

True talent comes from belief in yourself, in your own power.

By Maxim Gorky

「自らを信じ，自分の力を信じる女性は美しい」

マクシム・ゴーリキー

Anne Brontë の墓とブロンテ協会による墓碑説明

第 6 章

政府の立場と考え
政府と大学の関係は悪化している

トニー・クラーク（Tony Clark）
イギリス教育雇用省・高等教育局長

1940 年生まれ
オックスフォード大学（ペンブルック・カレッジ）で学士号，修士号（物理学）
1963 年より 65 年まで Hilger & Watts に勤務
1965 年より 69 年まで教育科学省（DES）・科学局
1969 年より 72 年まで教育科学省・初等・中等教育局
1972 年より 74 年まで大学補助金委員会（UGC）委員長
1974 年より 76 年まで教育科学省・継続・高等教育局
1976 年より 82 年まで教育科学省・財務局
1982 年より 87 年まで教育科学省・教員養成・企画・国際関係局長
1987 年より 89 年まで教育科学省・財務局長
1989 年より 95 年まで教育省・高等教育局長
1995 年より教育雇用省・高等教育局長

1999 年 9 月 9 日には滋賀県にて開催された日英高等教育研究会主催（主催者：秦由
美子）の UK-JAPAN 高等教育国際シンポジウム「現代高等教育の課題と展望：21
世紀のイギリスと日本」のシンポジストとして来日。翌 2000 年 4 月にはテッサ・
ブラッドストーンとともに沖縄で開催された中曽根文部大臣が議長を務めるアメリ
カ，カナダ等の国を交えた G8 教育国際サミットに参加し，高等教育の分野での日
本とイギリスの協力を約束。

> 一般公衆の高等教育費への認識が変わりつつあります

——労働党政府がほとんど反対することなく，『デアリング報告書』を受け
入れたのはなぜですか。数年前から何が変わったのでしょう。

　政府の財布は底無しというわけにはいかず，公的支出はコントロールされ

なければならないといった認識が，以前と比べかなり広がっているように思います。一連の公共サービス，特に福祉，社会保障などがありますが，これらはさまざまな理由から将来さらに資力を必要とするものです。その中で労働党政府は教育にメスを入れたのです。

1980年代初頭には進学年齢層の約12％の学生が高等教育を受けていましたが，現在は高等教育を受けられる年齢の3分の1が大学に進学する時代であり，個人は高等教育から利益を受けるという認識すらあります。デアリング委員会は個人の高等教育への投資に対する利子率を10％から14％の間という非常な高利率に設定した結果，3分の1の大学進学者は自分の将来に投資し，卒業後には利益を受けることになり，高等教育を受けない3人のうち2人は進学者の利益に税金という形で貢献することになってしまいました。つまり，大学進学者は進学しない者よりも利益を得られるということが理解されるようになってきたわけです。受益者負担の原則を考えれば，教育を受ける個人に対し，政府と納税者との負担が大きくなりすぎており，そのことが国民の間でも理解されつつあると思うのです。

労働党は全国学生連合（National Student Union）と議論を行います。重要なことは，彼らが高等教育だけでなく同じように深刻な財政問題を抱える継続教育を受ける学生をも代表しているということです。全国学生連合は信頼するに足る組織ですし，物事の優先順位も理解しています。また少なくとも彼らは，今以上の補助金は支給される可能性もなく，生活費はすべてローンでまかなうべきである，という選択を受け入れています。学費の導入問題に関してはまだ抵抗もあるでしょうし，議論もあるでしょう。しかし驚くべきことですが，新聞，下院議員，そして公衆のこの報告書の受け取り方は，10年前と比べるとはるかに好意的です。

――イギリスの高等教育システムに投入する公的資金の問題をどのように解決するのでしょうか。

まず第一に述べたいことは，イギリスの高等教育は他のヨーロッパ諸国の高等教育とは大きく異なるという点です。アメリカの高等教育システムに近

いですが，それでも非常に近いというわけではなく，日本のシステムに近いともいえます。

イギリスの高等教育システムは，大学が学術，財政両面において政府から大きな自治権を移譲されている点に特色があります。そのシステムの中で私たちは働いているのですが，「イギリスの研究者にとって高等教育は常に自由であるべきだ」という原則を，長期にわたり守り続けてきました。このことはヨーロッパのほとんどの大学で適用されている原則です。しかしもちろんその原則もアメリカや日本では適用されているわけではありませんが。

特に最近5年間，高等教育が急速に拡大してきています。それはフルタイムで勉強する学生とパートタイムで勉強する学生双方の増加によるものであり，中等学校などから直接進学する18, 19歳の学生よりも21歳以上のフルタイムの学生の増加が顕著なのが特色です。近年起こっている非常に大きな変化です。またこの高等教育拡大の大きな波の中，この6年間で高等教育を受ける若者の割合は2倍になってきており，高等教育の在籍学生数は32%に達しています。

またイギリスでは大変高い割合で学生が卒業しており，おそらくこの卒業率についていえばイギリスは世界でも最高であるということがわかるでしょ

グラモーガン大学（旧ポリテクニク，統合され現在サウスウェールズ大学）

う。逆にいえば，イギリスの中途退学率は大半のヨーロッパ諸国よりもはるかに低いのです。その結果，すべての学生に高等教育を無料で提供するために今までのように公的資金を捻出することがますます難しくなってきました。フルタイムの学生は，無料で高等教育を受ける権利がある一方，50万人のパートタイムの学生たちは以前からすでに授業料を支払ってきているのですから。

　もともと，政府が調査委員会，すなわちデアリング委員会という大きな組織を作った理由は，高等教育を受ける人口が急速に拡大したために，高等教育に対する資金繰りが非常に困難になってきたためなのです。確かにこの委員会に課せられた重要な仕事のひとつは，イギリスにおける将来の高等教育の資金獲得のための草案を作成することでした。しかし強調すべきことは，この調査がその目的よりもはるかに多岐にわたるものであるということです。この調査は講座の枠組みやその内容，機関の運営，質と水準，そして資金調達問題などと並んであらゆる重要問題を網羅しています。しかし資金問題が大きく取り上げられ，多くの人々の注意を集めたようです。要するにデアリング委員会が述べていることは，今こそがイギリスにとって高等教育人口を一層拡大するためによい時機であるということでした。なぜなら高等教育を受けるにふさわしい資格を認められた学生が学ぶ場所を求める欲求は，21世紀に向けて増え続けるであろうと予測できたからです。しかし政府と納税者が非常に高い割合で高等教育を受ける学生のための費用を払い続けることは不合理でした。そのためデアリング委員会は学生と政府が高等教育にかかる費用を分担することで，高等教育とは関わりないにもかかわらず，かなりの費用を税金として負担している納税者たちの負担を減らすことが必須であるという結論を下したわけです。

　デアリング委員会が出した勧告は高等教育を受ける学生は1人当たり1,000ポンドを一律に負担し，学生自らがローン計画（Student Loan Scheme）に従って返済するというものでした。政府の発表では学生が1,000ポンド（その後，3,000ポンド，そして現在では9,000ポンドの授業料となっている）の授業

料を支払う計画が導入されるでしょうが，その費用の負担額は親の収入による資金力の査定が行われたうえで決まります。また授業料返済と並んで学生の生活費返済のためのローンもできるでしょう。つまり一定額以上の補助金はありません。というのも過去にすでにかなりの額の公的資金が学生に支払われ続けてきたからです。

——高等教育人口の拡大に対する政府の対応はどのようなものでしたか。

　例えば大学にかかる費用の内1,000ポンドを授業料として学生から徴収する場合，親の年収が約3万5,000ポンド（約525万円）以上の家庭は，公的資金からの援助はなく全額支払わなければならないのですが，年収2万ポンド（約300万円）以下の家庭は全く授業料を支払わなくていいというものです。実際問題として我々がしなければならないことは，そういった貧しい家庭を援助するために大学が補助金を受け取れる保証をすることです。経済的に豊かな学生は大学に1,000ポンドを払わなければならない一方，貧しい家庭の学生は，1,000ポンドの補助金を受け取ることになります。その中間にいる家庭の学生たちはスライド式の基準を適用されることになるでしょう。学生は大学にかかる費用の一部を支払い，残額は補助金によって支払われることになります。学生の家族の資金力を調べなければいけなくなりますが，その調査は非常に広範囲にわたっており，困難な仕事です。生活費の補助は廃止し，ローンに置き換えることになっています。その結果明らかに地方教育当局の役割は減少し，おそらく完全に消滅してしまうことになるでしょう。

　全学生にとってフルタイムの高等教育が無料だった時代から，少なくともそのうちの何パーセントかの学生が授業料を支払うという制度への移行は，この国にとっては非常に大きな劇的変化であるといえます。もちろんそれでもなお学生は平均して高等教育のための費用の約25％を負担するにとどまり，政府が依然として75％を補助するのですが，それでも大きな変化といえましょう。私が述べたように私たちの目的は21世紀にかけて，高等教育の需要が増大すれば拡大し続けられるようにすることなのです。その目的にはまた質と水準の維持を保証することも含まれています。というのは『デア

ユニヴァーシティ・カレッジ（オックスフォード大学）

リング報告書』によれば，高等教育に割く資金が少なくなればなるほど，高
等教育の質や水準は低下していく危険性があることが示されているからで
す。

高等教育の拡大が補助金獲得競争を生み出しました

**――『ロビンズ報告書』が提出された後，高等教育人口は拡大し続けてきま
したが，さらなる拡大が必要だとお考えでしょうか。**

　1963 年に出された『ロビンズ報告書』の影響で 1960 年代に高等教育を受
ける人口が大きく増加しましたが，1970 年代初期から 80 年代半ばにかけて
は，高等教育人口もほとんど変化はありませんでした。そのため，80 年代
中頃までは高等教育人口を増加するという点では，他国の後塵を拝してきま
した。そのようなときに，ケニス・ベーカー（Kenneth Baker）が出てきたの
です。彼の教育大臣としての能力には意見が分かれますが，私はむしろ彼を
尊敬していました。

　彼は，高等教育は拡大に向かっていると言明し，彼の発表した見解によれ

ば，15年以内には高等教育を受ける者の割合は若者3人に1人に上昇したまま，次世紀に突入するというものでした。しかし大半の人々はそのような予想は馬鹿げていると思っていました。当時にしてみればあまりにも急速かつ急激な変化に思えたからです。しかしそれを受けて，政府の目標も若者3人に1人という割合を2000年までに達成することとなったのです。

当時はまだ大学が受け入れた学生は全員ある程度の補助金が保証されていましたが，私たちは大学教育の拡大を促進するために補助金制度も充実させ，大学に対して学生に支払う補助金の割合を引き上げる提案をしました。補助金に関して大学補助金委員会は，80年代初期にはむしろ異なったアプローチをしており，そのため政府は補助金委員会とは異なる計画を立案した

表6-1　一元化以前の大学の財源

(単位：百万ポンド)

	国庫補助金	学費	研究審議会	他の省庁からの補助金	海外留学生の学費	産業界	その他	合計
1982/83	1,049	131	103	47	71	23	210	1,634
1983/84	1,015	126	111	51	76	27	237	1,643
1984/85	989	124	114	54	82	37	267	1,667
1985/86	955	121	116	59	91	43	285	1,670
1986/87	963	123	128	64	100	48	324	1,750
1987/88	942	115	118	64	100	50	333	1,722

(出典) Williams 1992: 6. を基に作成

表6-2　一元化以前の旧大学とポリテクニクの財源

(単位：百万ポンド)

	旧大学	ポリテクニク
1982/83	1,634	615
1983/84	1,643	557
1984/85	1,667	591
1985/86	1,670	656
1986/87	1,750	735
1987/88	1,722	900

(出典) Williams 1992: 6-7. を基に作成

わけです。また高等教育機関への進学率に基づいて高等教育の需要予測をたて，90年代末までには3人に1人という目標に到達できると考えたのです。

　実際には拡大のペースは政府が予測したよりも速やかで，1993年までには3人に1人に到達しました。それには2つの要因が重なっているように思われます。ひとつは高等教育の需要の拡大は，大学の設立と政府が大学に提供した補助金に関連があると考えられます。非常に露骨な言い方をすれば，補助金獲得にのみ焦点を当てた大学が多数現れたということです。そのためそういった大学は大学として進むべき本来の道を外れ，集められるだけ学生を集めることができる市場原理へと走ったのです。そして需要と供給の供給側である大学がビジネスを始め，教育提供の場を増やしたことが，大学に行くべきかどうか迷っていた若者の意識に大きなインパクトを与え，高等教育の需要が拡大したのでした。以上のことがひとつの要因であると考えられています。しかし，学生数に応じて政府からの補助金が配分されるということで，大学進学者が急激な勢いで増大した結果，学生1人当たりの公的資金が急激に減少するという事態が起こってきています。また，政府が大学の自治を大幅に認めてきたため，逆に大学をコントロールすることができないという問題が生じました。私たちは大学がこれほど急速に拡大する必要はないと考えていたので，この急速な拡大は大学自らの選択によるものであると思っています。

　大学拡大に大きな役割を果たしたと思われる第二の要因は，これもまた劇的な要因のひとつだと私は信じていますが，我々の学校制度に1986年頃導入された中等教育修了一般資格（GCSE）と呼ばれる全国統一卒業試験です。この試験は16歳で学校を出るとき彼らの90％に卒業資格を与えるように整備されました。それ以前は卒業試験には2種類あり（General Certificate of Education: GCE と Certificate of Secondary Education: CSE），この2つを同時に受ける場合にはその2種類の卒業資格を必要としていた学生の約40％しか受

---

1) GCE と CSE の 2 種類の試験が 1986 年には GCSE（General Certificate of Secondary Education）として一本化され，最初の試験が 1988 年に実施された。

験できませんでした。ですから何の資格ももたず16歳になって学校を離れる子供たちがたくさんおり，次第に勉強を続ける意欲を失っていったのです。しかし，GCSEの施行により16歳で資格をとり，さらに勉強しようという若者が次第に増加しました。16歳は学校教育を終える義務教育年齢最後の歳であるにもかかわらず，16歳から19歳まで学校あるいは専門学校で勉強を続ける若者が増え，その過程で資格を得たい，勉強をしたいという意欲が湧き，高等教育に進みたいと思うようになったのではないでしょうか。

> 高等教育の一元化への動きは，
> 多様性を維持すると同時に大学間の競争を
> さらに促進することがひとつの目的なのです

——高等教育の一元化，ポリテクニクの大学への昇格は何らかの影響を及ぼしたでしょうか，それともただ名称を変更したにすぎないのでしょうか。

　大学とポリテクニクの統一は実際のところ中途半端でしたが，一元化により全大学が公的補助金競争を始めました。競争が激化するに伴い，競争を引き起こす財政的誘引がどういった影響を与えるかを大学自らが知るようになったと，私は確信しています。大学側も30校〜40校よりは，むしろ80校程度で競合しているとわかっているほうが，自らの立場や力にずっと鋭敏になったと思います。実際，我々が二元構造を廃止したおもな理由のひとつとして，多様性を維持すると同時に競争を促進することが挙げられます。これはかなりの割合で達成されたと思います。

　我々が準備してきたことは，『デアリング報告書』が発表されたその日に，政府の声明を出すということで，このことは重要なことで，この報告書は白書ではなく，政策声明なのです。年内には生涯学習についての白書が出されることになっています。それは『デアリング報告書』に提示されたさまざまな勧告に答えるものとなるでしょう。

オックスフォード大学・カレッジ対抗ボートレース（Eight）

研究評価と公的資金の配分問題

——研究評価（Research Assessment Exercise: RAE）は大学間の競争を引き起こすだけではなく，その競争を激化することになるのではないでしょうか。

　政府は一般的な政策方針を提示することができる，と述べました。ところで，政府自身から直接には大学へ資金援助はなされていません。政府は財政審議会（HEFCs）を通して大学に資金を与えており，個々の大学が取得できる予算に対して政府が口をはさむことは一切許されないのです。それはすべて財政審議会が決めることなのですから。しかし，我々はいつも財政審議会に忠告はしてきました。もしくは事実上，彼らを指導してきたといえます。つまり研究費は限られていると，指導してきたのです。もしも財政審議会がその助言に注意を払わなかったら，注意を払うように行動を起こしたでしょう。

　また仮に研究費を多く分散させてしまうと，その成果が減ずる傾向があったので，この10年間にわたり研究費の集中化をとる政策を一貫して行ってきました。つまり，我々が審議会に与える研究費が，明らかに質の高い研究を行う高等教育機関に配分されるために必要な取り決めを，審議会が設定す

るように要求したのでした。そのため審議会と旧大学補助金委員会（UGC）は4，5年ごとに研究の質を保証する研究評価に従事してきたのです。そして予算は，その査定された質に従って分配され，その結果，集中化の度合いはむしろ増加しているといえます。

　確かに，質の高い研究をしている大学への研究費の集中化が進んでいます。すべての大学は数種類の研究に従事しているため，審議会からだけではなく他の資金源からも資金を得ているのですが，審議会からの研究費の割合が高いので，多数の大学の主たる研究財源となっています。現在は60％の研究費がおよそ7校から8校の大学に支払われているのではないかと推測しています。全体で約80の大学があるのですから，非常に高い割合で集中していることがわかると思います。そしてこの集中化による方法が，研究費を最も効率よく使う方法であると我々は信じているのです。

　研究の成果は多種多様な方法で評価されます。しかしどのような評価基準を採ったとしても，イギリスではかなり高い基準が用いられており，このことはもちろん大学にとっても非常に重要なことです。大学は審議会に対して自らの優れた研究能力について声を大にして強調します。大学は特に学部生に対する教育の質の高さを強調しながらも，研究評価がすなわち大学自身の評価であり，研究評価こそが全大学の中での自らの地位を申告することになるため，研究が大学にとり非常に重要な仕事になるのです。

　大学を訪問しているときに，研究評価の実施中ならば，各大学が研究評価に細心の注意を払っていることが理解できることでしょう。各大学は，評価が低ければ，打ちのめされた気分になり，次回の評価時までにどうすれば評価アップにつながるかに腐心し，努力を重ねることでしょう。それは自然だと思います。

　この研究評価方式は理想的ではないかもしれません。この評価を受けるためには多くの努力や準備が必要とされるからです。また敗者が出てき，その結果大学や学部はやる気を失うかもしれません。したがってこれが研究予算配分方法として最善であるとは，私も主張することはできませんが，それ以

上の方法も考え出されていないことは事実なのです。研究予算が特定の機関や研究に集中して配分されている国々では，また別の競争原理があるでしょうが，競争しなければならない状況を作りだすということは，それなりに公平でしょうし，この評価はかなり公平なものとして広く受け入れられてもいます。特定の学部に共通して生じた低い評価を懸念している大学人もいる状況ではありますが，我々は未だにこの評価方法に勝る方法を考えつかないのです。

研究評価と教育評価には違いがあります

──研究評価を実施する組織について，詳しくお聞かせ願えますか。

　財政審議会が評価チームを組織しており，大学の教授が主な構成員ですが，財政審議会は大企業で研究に従事している人たちも取り入れようと努めています。また我々と財政審議会は，海外の人々も組織の成員に入れ，その[2)]組織を拡大しようと努めています。その研究評価方法は財政審議会によって考案されたのですが，これを実行する大学自身にも大きく依存しているわけです。

　この評価は柔軟性のない静的なものにすべきではないと，私は考えています。そうなると人々はルールだけを守り，その中でゲームをしてしまうことになるからです。官僚システムで，こういったことが起こるのを沢山見てきたので，今回の構想は動的なものでなければならないと考えるのです。そうでなければ結局は受け入れられなくなると思います。

　デアリング委員会はすべての大学がこの評価システムに従う必要はなく，システムから脱することも選択でき，他の資金も利用することを提案しました。しかし私の推測では，大学はこのシステムの外に出ることはないだろう

---

2) 筆者もイギリスのサセックス大学とオーストラリアのモナッシュ大学の国際審査委員となっている。

と思います。このシステムの外に出ることは、即その大学が2流以下のものとして見られてしまうからです。ですからどのように機能するかはわかりませんが、評価は続くでしょう。しかしそれが変化していく動的なものになることは、間違いないことだといえます。

　一方、同様の方法で教員に対する給与も与えながら、教育の向上のために資金を集中化することはできないと考えています。教育に対して我々がしなければならないことは、教育に研究同等の高い社会的地位を与えるための、研究評価とは別の基準を設けるということでしょう。実際我々はさまざまな試みを行ってきましたが、たいした成功を収めることができなかったといわざるをえない状況です。このことに関してデアリング委員会が提示した案は、「教員の質を認定する役割を担う学習・教育機関もしくは大学を設立する」というものです。大学の教員皆が皆、これに同意はしないでしょうが、私自身はこの案に非常に賛同しています。

　また大学における教育の社会的地位を高めるために、他にもさまざまなことが計画されています。例えば資格の枠組みを明確化することが『デアリング報告書』の中で勧告されています。今まで資格の枠組みは頭では理解されてはいるものの、明示されていない状態でした。それが、私が望むような形で推進されたならば、教育機能において重要な役割を果たすことになると思われます。

---

3) イギリスの高等教育機関の中でも特に大学でフルタイム学部学生が目指す学士（bachelor）の学位は、イギリス以外のヨーロッパ諸国や海外の大学 ── 日本でもそうだが ── が通常最低4年間を要する学業プログラムとして定義されているのに対して、イギリスでは3年間で取得することになっている。これは大学入学時にすでに相当高度な入学のための選抜が行われていること、そして中等教育においても生徒が選択科目を狭く、深く専門的に学習してきたことと関係しているのではあるが、このようなイギリスの資格枠組みを明確にするために、デアリング委員会の依頼により、高等教育質審議会（Higher Education Quality Council: HEQC）が検討することになった。その調査によれば、①イギリスと他の諸国との学部終了時の到達レベルが明確にならない限り、イギリスの学位と他の諸国との学位を比較できないこと、また、②イギリスの学位が機関毎に授与されているためにヨーロッパ諸国ではイギリスで取得した学位が、国家レベルの学位として正式に認められていないこと、そのため、③イギリスで資格枠組みが確立されれば、イギリスの学位が国際的に認定された資格となることなどが明らかになり、そして最終的には、全国的な（イングランド、ウェールズ、北アイルランドにおける）高等教育機関のための資格枠組みの基礎が、『デアリング報告書』の中で明示されることになった。

教育に関することは，一夜の内に変わるようなものではありません。これは文化の変容にも関わる問題であり，少しずつ変えていかなければならないものであると思います。

> EU 諸国からの留学生からも，
> 将来的には授業料を徴収することになるでしょう

——EU 連合の一員となり，イギリスがヨーロッパの一部であることの影響は受けているでしょうか。

それに答えるとなると，少し困惑してしまいます。これには非常に多くの観点があり，私は教育だけについて答えることにします。雇用面に関しては，数多くの，またヨーロッパとの直接の契約があり，影響も受けています。我々は現在単一の労働市場の中におり，大学はヨーロッパのどこであろうと働くことを許されている卒業生を送り出しています。わたしは今「許される」という言葉を使いましたが，その意味は法律によって働くことが許され，10年，20年前とは異なり，労働許可証を手に入れる必要もなく，ヨーロッパのどの国に行って働いてもよいということです。そういう意味で，単一の労働市場というものは雇用面に大きな影響を与えるものと思われます。

——1980 年代より海外からの留学生はイギリスの大学に入学する際，かなりの費用を徴収されることになりました。しかし，ヨーロッパ諸国からの留学生は確か授業料は不要であったと思われますが。

ヨーロッパ諸国からの留学生と他の国々からの留学生の間には明確な区別があります。彼らは他国からの留学生に比べ有利な条件でイギリスの大学に留学し，同等の利益を得て帰国するのですから。しかし私は，彼らも我々の大学システムのためには役立つと考えています。我が国には費用の問題が大きいとはいえ，海外の大学に留学するような学生があまりいません。EU 連合の一員としてヨーロッパ諸国から来た学生に対してはイギリスの学生同様の

教育環境を提供しなければならないということで，生活費は自分たちで賄わなければなりませんが，現時点では授業料を払う必要はありません。英語が公用語であること，イギリスの大学が他のヨーロッパ諸国の大学に比べ，3年から4年という短期間で学位が取得でき，さらにヨーロッパ留学生向けのコースが開講されているといった理由で，イギリスの大学にはヨーロッパの学生たちがかなり集まります。この数多くのヨーロッパ留学生の授業料がイギリスの公的資金から支出されているという点も見逃すことはできないことでしょう。そのため授業料の徴収システム(*1)を導入することが有益になってくるのです。

　ヨーロッパ諸国へ行くイギリス人学生は，1万人程度なのですが，受け入れる学生数はおよそ4万人から5万人ですので，このことは留学生の流入のバランスを取るにはよい機会であると思われます。

──教育大臣ブランケット（David Blunkett）氏はどのように業務をこなされているのでしょうか。

　彼は頭の回転が速く，非常に優秀な人物です。またそうでなければ現在の地位を手に入れることなどなかったでしょう。一般に目の見えない人は記憶力がよいといわれていますが，確かに彼の記憶力は抜群です。ハンディキャップがあることは間違いないのですが，それを克服するための彼の努力は並大抵のものではありません。もちろん彼には教育大臣に就任する以前にもこういった業務をしてきたという経験がありますが，彼の肩にかかる責任はかなり重く，厳しいものです。

　仕事をするときは，書類よりもむしろ話し合いで会議を進めますが，彼は頻繁にテープを活用します。つまり我々が書類を提出すると，彼の部下に命じて要約，または全体をテープにとらせたりするのです。重要な草稿にとりかかる場合には，例えば先日下院に提出したような声明を作成するときなどは，点字が用いられます。ただひとつ難点といえば，複雑な点字表を参照しながら書類を点字に置き換える作業は，かなり大変なことなのですが，我々がそれをやりこなさなければならないということでしょう。

　深刻な問題は何も思い当たりませんね。この省には他にも目の見えない人

が数人いますが，ブランケット氏の入省以来，いくつか変化がありました。これは全体としてみれば非常に些細なことでしょうが，現在エレベーターにはどの階にいるのかを，乗っている人に教えてくれる女性職員がいます。しかし氏が新しい職場にこんなにも早く慣れ親しむことができたのは驚くべきことです。余談ですが，「ルーシー」，彼の飼っている盲導犬の名前です。

大学の地方分権化が進み，
政府と大学の関係は悪化しています

──高等教育界において，政府主導の中央集権化が進んでいるとみなしていいのでしょうか。

　とんでもない。私がこれまで述べたことから，逆に政府が地方分権化，すなわち大学が責任を負う部分を多くし，政府が一歩下がること，に強く賛同していることが理解されたと思います。ここでひとつ言及しておきたいことは，この新政府はイギリス全土にわたる地方分権の確立を得意としており，例えばウェールズやスコットランドでの共同統治は非常にうまくいっています。今後イギリスの地方都市を発展させる政策方法に関する協議が行われるでしょうが，中央集権についての問題に関する限り，私の意見としては，政府の大学に対するアプローチは以前と比べて地方色の濃いものになるであろうと思われます。

　ここでいっていることは，例えばオックスフォード大学はオックスフォード地方から学生を募集しなさい，といった類のものではありません。しかし大学に対し，その地方の地場産業の雇用者側との関係を密にするよう促すかもしれません。現在数校の大学は，すでにその地方の雇用者たちとの関係を強化することに専念していますし，まあそういったことです。しかしともすると，地方分権化が行きすぎてしまう恐れもあります。ヨーロッパの大半の国では大学は政府により監督されており，その職員は事実上公僕です。ですから次の

ことはある意味で注目すべきことではありませんか。つまり，思想や学問の自由などが掲げられているにもかかわらず，教員の仕事に関する憲法上の規定は公的奉仕の一部となっていること。このことは興味深いことです。

——**政府と大学との関係は 1980 年代から悪化してきているように思われるのですが。**

政府と大学との関係は悪化しています。その理由は政府が大学に提供できる資金額が年々減ってきているからです。ここ 2，3 年大学側は政府に対して，もうこれ以上今までのような路線ではやっていけない，と主張し続けています。ある意味でデアリング委員会はその問題を解決するために設立されたともいえましょう。

現在大学側は，政府声明は納得できる，というコメントを出していますが，いまもって大学側は政府から予想額以下の補助金しか支給されておらず，大学とのさらなる協議と大学側からの陳情があると予測しています。将来の両者の関係は，この話し合いの結果に大きく左右されるでしょう。

政府は新しい資金協定を作成すると約束したので，今年度（1997 年度）中には包括的検討の一部として，将来の大学の資金額を検討することになります。そしてまた，大学と我々との将来の関係はこの検討から導かれる結論に

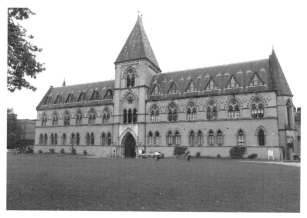

オックスフォード大学・自然史博物館

よって，大きく変わっていくことと思われます。

　残念ながら現在我々と大学との関係は，前向きで健全な関係であるとはいえませんが，我々は公務員として，イギリス大学長委員会（CVCP）の大学長たちと非常に協調的な議論をしてきたことは認めていただきたいのです。あなたに大学側が我々と話す意思がなくなっている，といった印象をもったまま私のオフィスから去って欲しくはありません。

インタビューを終えて

　クラーク氏とのインタビューは，1997年7月『デアリング報告書』が出された直後のことで，高等教育界が，学生が，また政府が大きく揺れていた頃であった。非常に真面目で真摯な姿勢をもつ方で，公的地位にありながらも，氏からはかなり率直かつ正直な言葉をたくさんいただいた。今思い返せば，氏の言葉が当を得たものであったこと，正しくイギリスの高等教育界の将来の姿を予見していたことが理解される。

　1999年9月には筆者は滋賀において日英高等教育国際シンポジウムを開催し，その際氏にシンポジストとしてイギリス政府の見解を披瀝していただいたが，公の場での発言には自ずと発言内容に制限があり，個人的要素の多く入ってくるインタビューの方が，時には本音も垣間見え，面白味のあるものになったと思われる。

　公的資金を有益に活用するために，大学間に競争原理を持ち込み，その結果補助金は，旧研究大学に集中しているのがイギリスの高等教育界の現状である。新聞のリーグ・テーブルを読んでみてもわかるが，1992年以降の新大学は補助金獲得率がかなり低く，わずか7，8校に補助金の約3分の1が集中している状態である。そのため資金不足の大学は資金調達が大きな問題となっている。

　「政府が地方分権化——すなわち大学が責任を負う部分を多くし，政府が一歩下がること——に強く賛同」していると述べたが，もちろん資金面のつながりだけではないが，これは大学が地場産業との結びつきを強化し，政府

からの公的資金援助の不足を補填するための大学の自助努力を促す意図からであろう。中央集権と反対の方向に進みつつあるように思われるものの，地方に責任を振り分けるという意味では形を変えた中央集権化ともとれる。

　「教育に関することは，一夜の内に変わるようなものではありません。これは文化の変容にも関わる問題であり，少しずつ変えていかなければならないものであると思います」という言葉が，共感をもって理解された。

🎀 ディスカッション 🎀

1) イギリスの高等教育システムの特徴を説明してください。
2) 大学進学者の受益者負担については，どのように考えますか？
3) イギリスでは，研究費の集中化をとる政策を実施していますが，そのメリットとデメリットを考えてみましょう。
4) クラーク氏は「イギリスの高等教育システムは，大学が学術，財政両面において政府から大きな自治権を移譲されている点に特色がある」，つまり，「イギリスの研究者にとって高等教育は常に自由であるべきだ」という原則を守り続けてきた，ということですが，一方，日本の大学はどうでしょうか？
5) クラーク氏が勤めている教育雇用省のトップはディヴィッド・ブランケットといって視覚障害をもつ教育大臣ですが，ハンディキャップをもちつつ，省のトップにつく，ということについて皆さんはどのように考えますか？

クライストチャーチ・カレッジ（オックスフォード大学）

【解　説】

(＊1) イギリスの奨学金制度

　イングランドの学生からの大学授業料徴収は，2021 年現在は「所得連動返還型奨学金制度」という仕組みにより運営されている。OECD シュライヒャー局長から，世界の「全選択肢の中で最も拡張・維持可能性が高い」授業料政策だと評価され，「授業料問題への唯一の解」だとも言われている制度であるが，この制度は，在学中は授業料分を国から借りてそれで授業料を支払い，将来一定以上の収入に達すれば，その時点から借りていたお金の返済を払い始めるという仕組みである。20 世紀半ばにイギリスで提案された（1989 年に初めてオーストラリアで導入された。ただし，オーストラリアとの違いは，イギリスの大学では分野別の授業料設定が行われていない）。

　トニー・ブレア首相が，授業料を£1,000 から£3,000 に上げつつ，この仕組みを導入したのは 2006 年で，6 年後の 2012 年には授業料（※正確には大学が設定できる上限額）は£9,000 に上がった。

　この仕組みでは，学生は在学中授業料を支払う必要はなく，大学卒業後，「閾値（しきいち）」と呼ばれる年収£26,575・月収で£2,214（※年収約 380 万円・月収で約 32 万円）を超えた時点で，「収入金額と閾値の差×9％」を返済し始める。例えば，卒業後，ある月の月収が£2,500（約 32 万円）の場合，「£2,500 － £2,214 ＝ £286 × 9％ ＝約£25」，すなわち約 3 千円（＋利子）が，その月の返済金額となり，返済を開始後も，失職したり給与が減少した場合には，その状況を反映し返済猶予や返済金額の減額が行われる。また，卒業後の返済開始後 30 年経った時点で返済が終わっていなければ，その時点でローン残高は免除される。

　2020 年のイギリスの EU 離脱（ブレグジット）前は EU の学生もこの仕組みを活用できたが，ブレグジット以降は使えなくなった。授業料も，従来のようにイギリス人学生と同額ではなくなる予定である（在英日本大使館・教育担当の文科省・佐野壽則氏からの情報提供をもとに作成）。

イギリス大学協会

【引用文献】

Williams, G.（1992）*Changing Patterns of Finance in Higher Education*. Buckingham:
　　SRHE&OUP.

スイスのボーディング・スクール

　コレージュ・ボーソレイユ（Beau Soleil College Alpin International）は，インターナショナル・スクールの名門として知られている。

　レマン湖北に位置する都市・ローザンヌは，国際オリンピック委員会の本部があることで有名だ。若手バレリーナの登竜門「ローザンヌ国際バレエコンクール」の名前を聞いた人もいるだろう。そのローザンヌのターミナル駅から汽車に揺られて 30 分，さらにエーグルという駅で乗り換えてバスで同じく約 30 分。とても対向車など行き交えない狭い道を登りきったところ，まさにアルプス山脈の真っただ中にコレージュ・ボーソレイユはある。周囲はヨーロッパでも有数のリゾート地で，夏は避暑，冬はスキーを楽しむ人たちでにぎわう場所である。

　コレージュ・ボーソレイユの設立は 1910 年で，11 歳から 18 歳までの約 230 名が学ぶ。ほとんどの生徒が 2 つある寮で生活を送る。もともとはメイヤー家が三代にわたって経営していたが，2010 年にイギリスの教育企業「ノードアングリア」に経営権が移り，現在は，イギリスで有名な女子校の校長だった女性が校長を務めている。副校長もイギリス人でチャーターハウス校の教員だった。ちなみに，「ボーソレイユ」とは，フランス語で「美しい太陽」という意味である。

　この学校の一番の特長は何と言っても，世界中から生徒が集まる点だ。その数約 40 か国にのぼる。多くは大規模企業のオーナーや，超国籍企業の重役，ロイヤルファミリー，政治家の子息たちなのだが，なぜ，各国のセレブたちはコレージュ・ボーソレイユを選ぶのだろうか。その理由は，ずばり「安全性が高い」からである。意外かもしれないが，山の環境は比較的安全で，王族や政治家の子供，事情があって特別な警護を必要とする子供などでも安全に過ごすことができるのである。まず，地元の人間以外の大人だと目立つので近づきにくい。また，外界の誘惑も少なく，子供が危険な場所に近づく恐れも少ない（もっとも，毎日の隔離生活に飽き，週末にはヘリで下界に降りていく子供もいるそうだから，親の意

スイスの中高一貫校である
コレージュ・ボーソレイユの玄関口

図とは必ずしも合致していない）。ボディガードなしで，子供は子供らしくノビノビと過ごすことが可能なのだ。「そういった当たり前の行動が重要だ」と同校の関係者も強調する。

　加えて，少人数教育も魅力となっている。約230人の生徒に対して，教員は60名。教師1名に対し，生徒はおよそ9人。教師の国籍も多彩で，アメリカ人，イギリス人，スペイン人などに加え，コロンビア人，中国人，そして日本人もいる。教師は生徒4人に1人の割合だから，行き届いた教育になるのはいうまでもない。11歳から13歳までがジュニアスクール，14歳から16歳はミドルスクール，17歳と18歳はシニアスクールという具合に3つに分かれて学ぶ。そのうえで，フランス語がメインのコースと英語がメインの2つに分かれ，どちらも主にバカロレア資格取得に向けた授業が行われる。

　入試はあるが学力は重視しない。学力はそれほどなくても，秀でているものがあれば，受け入れ可能というスタンスだ。サポートできる，と判断すると入学許可がおりるのだ。仮に学力に問題があっても，補習授業といった対応を行う。学習支援は徹底しており，一日中先生が一対一の授業をすることもあるそうだ。そうしたところも，保護者たちには魅力的なのだろう。

　実は，筆者はコレージュ・ボーソレイユを訪問する前日，コレージュ・デュ・レマンを見学した。こちらも世界的に有名なネスレなどの大企業や国連等の機関の子息も通うヨーロッパでは有名な寄宿学校で，もちろん優れた教育を行っているが，「オールドマネー（確立した上流階級の家族の代々相続されてきた財産）」を有する人ほど子息をボーソレイユに入学させる，という。成功した起業家も，ボーソレイユを目指す。それは，「環境こそが人格を育て，自立を促し，個性を伸ばすことを，彼らはよく知っているからだろう」ということだ（ボーソレイユ副校長）。子供たちは皆同じではなく，個性を尊重する教育も重要なのだ。例えば，こんな具合に。

　家族がホテルチェーンを経営していて，本人もホテル業界に興味をもっている。勉強もよくできてオックスフォード大学を目指してもおかしくない。しかし，ボーソレイユはジュネーブのホテルスクールへの進学をアドバイスする。なぜなら，オックスフォードではビジネス研修はしてくれないからだ。オックスフォードやケンブリッジ，アイビーリーグへの進学とは異なる成功を目指す学校が，ボーソレイユなのである。

　（秦由美子『パブリック・スクールと日本の名門校』平凡社，pp. 163–167 を改筆。）

⟨ESSAY⟩

Being earnest is important?

"The Importance of Being Earnest, a Trivial Comedy for Serious People" is a play written by Oscar Wilde. The play was first performed on the 14th of February 1895 at St James's Theatre in London. It is a farcical comedy in which the protagonists create fictious personae to release the daily burden caused by social obligations.

In Japan most people are raised having the message "study hard" instilled in them. They are taught "you will achieve good results if you work hard". At the same time, we are expected to do overtime (overwork) without payment, and women are expected to raise children after getting married while continuing to work. Our working lives seem endless. In the worst cases, workers' determination to finish things leads to death (Karoshi). "Karoshi" has now become known around the world and is now in the English dictionary.

Pursuing results through hard work, like with piano lessons, cycling, speaking in front of people, is usually successful and can be rewarding. Looking at the UK, it is said that more women have opportunities to play an active role than in Japan. According to a report, the difference in labour productivity between the UK and Japan is an hour per employee. Thinking of the way they work; UK women work fewer hours, which may be less stressful.

In London there have been many train strikes. Even today there is a strike that affects the daily commute of many Londoners. They are seeking further pay rises and greater benefits when switching to a 24-hour tube service. The government's only response is to suggest using bicycles or walking. We do not know the result of these strikes, but ordinary tube drivers

パブリック・スクール（ラグビー・スクール）
の生徒たち（将来のジェントルマン）

now earn 50,000 pounds (about 9,000,000 yen) per year, which seems much higher than in Japan.

In the UK, I believe people begin their hobbies at a younger age and tend to do them in a more serious manner over many years. As a result, they become experts by retirement age. After retirement they can spend their time on their hobbies, such as growing flowers, knitting, making jams, pottery, even passing their knowledge on to their students. It is said that you can master anything, but it takes 10,000 hours.

One of my colleagues told me that her mother worked very hard every day believing she would have plenty of time and be happy after her retirement. However, she became bed ridden and passed away without reaching retirement. That colleague recently declared that she would do everything she wanted without waiting. She would enjoy life, living by the spirit of "Carpe Diem" or "seize the day".

One of my colleagues told me that her mother worked very hard every day believing she would have plenty of time and be happy after her retirement. However, she became sick and bed ridden and passed away without being able to reach retirement. So, that colleague recently said that she would do everything she wanted to do and not wait to enjoy life, often referred to as "Carpe Diem" or "seize the day".

Success is not final, failure is not fatal
: it is the courage to continue that counts.

By Winston Churchill

「成功が最後の到達点でもなければ，失敗が致命的なものでもない。
続ける勇気こそが重要なのだ」
ウィンストン・チャーチル

第7章

社会の中の子供
学校に適応できない子供たち

ロナルド・ドーア（Ronald Dore）

ロンドン大学・経済政治学研究所（LSE）／シニア・リサーチ・フェロー

1925 年生まれ。ロンドン大学卒業
1951 年ロンドン大学・東洋アフリカ研究学部の日本研究所のレクチャラー
1956 年にはブリティッシュ・コロンビア大学・アジア研究の教授となる
1961 年より 69 年までロンドン大学・LSE・リーダーおよび教授を歴任
1969 年より 82 年までサセックス（Sussex）大学・フェロー
1982 年より 86 年までテクニカル・チェンジ・センター（Technical Change Centre）
　の副所長
1991 年より LSE のシニア・リサーチ・フェロー。その間，1989 年より 94 年までマ
　サチューセッツ工科大学（Massachusetts Institute of Technology: MIT）の非常勤教
　授を務める
その後，ロンドン大学名誉教授となる
2018 年 11 月 13 日　死去（謹んでご冥福をお祈り申し上げます）
主　著：*City Life in Japan*,1958. *Land Reform in Japan*,1959. *Education in Tokugawa Ja-
pan*,1963. *Aspects of Social Change in Japan*,1967. *British Factory, Japanese Factory*,1973.
Flexible Rigidities; Structural Adjustment in Japan,1986. *Taking Japan Seriously; a Confu-
cian Perspective on Leading Economic Issues*,1987. *How the Japanese Learn to Work*,1988.
Corporatism and Accountability; Organised Interests in British Public Life,1990. *Will the
21st Century be the Age of Individualism?* 1991. *The Japanese Firm*,1994. *Japan, Interna-
tionalism and the NN*,1997. その他著書，論文，エッセイ多数。

イギリスでは学校に適応できない子供が
ますます増加しています

——イギリスの教育全体を眺めて，現在最も重要な問題は何であると思われ
ますか。

　イギリスの小・中学校では 8 割から 9 割の子供は何とか基礎教育を受けら

れるのですが，1割ぐらいの生徒は授業についていけません。そのような生徒をどうやって学校が教えていくのか。このことが現在イギリスの教育で一番大きな問題です。こういった子供たちは学力が低い場合が多いのですが，中には能力があるにもかかわらず劣悪な家庭や地域環境から，学校の規律を全く守らず，初めから反抗的な態度を取る子供たちもいます。こうした子供の反応を是正しない親，さらに社会に対して，また政府や地方教育当局に反感をもっている親の子供の場合には，13，14歳になったら登校拒否をしたり，学校をサボったりして，やっと文字が読めるくらいになったかと思うと卒業してしまうのです。そんな子供たちの数が多すぎます。

　もちろんどの社会にもそういった子供たちはいるのでしょうが，イギリスではその数が減るのではなく，むしろ増える傾向にあります。統計によれば，学校を退学し，地方教育当局が特別な取り扱いをしなければならない子供たちは，1年間に1万3,000人程度ということでした。

　日本でもいじめや登校拒否が大きな問題になっていますが，イギリスに比べれば，ささいな問題といえましょう。さらにもっと大きな問題は，このような子供たちは16歳で学校を卒業しても，ほとんど就職ができないということです。現行政府が計画している「職業福祉計画(Welfare to Work Program)」というものがありますが，これは今までのようにただ社会福祉として失業手当，生活保護を与えるのではなく，職に就いていない人に職を与えようという新しい計画です。10年前の「青年訓練計画(Youth Training Program)」とあまり変わりばえはしませんが。

　他に特徴ある計画としては，いわゆる「入門計画 (Gateway Program)」があげられます。EU諸国の人々の発想から出てきた計画ですが，一般に社会からシャットアウトされた子供たちを何とか社会にもう一度送り込もうという計画です。彼らは確か1年間の契約で，徒弟制度のいわゆる「弟子」として地方自治体が組織する地方教育当局や，公的機関等で特別に雇用されます。雇主は雇いたいわけではありませんが，子供たちを訓練するために職を与えるわけです。OJT（On the Job Training）みたいなものです。しかし，この場

合もちろん本雇いとなり，従業員になる場合もありますが，本来の目的は訓練で，就職する前の入門編なのです。

　社会に適応できない子供 1 人に対し，1 人の特別指導員を任命し，問題に対処しようとしていますが，残念ながら政府の資金が不足しています。新ブレア政権は税金を引き上げないという約束で選挙に勝ったので，税金を上げるわけにもいかず，民営化した水道，ガス会社などから特別税を取って，その一部をこのようなプログラムに当てるというのですから，大した額にはなりません。

卒業しても就職できないので，大学に進学する生徒

　また，高等教育の急速な拡大も問題です。10 年程度で大学進学率が 15 ％から 30 ％近くになりました。高等教育の膨張です。16 歳から 18 歳の A レベル（GCE・Advanced Level）コースの受講生の数は，現在その年齢層の 60 ％を越えています。もちろん今まで 16 歳で O レベル（GCE・Ordinary Level）を取って就職できた就職先が，次第に少なくなってきていることにも関連しています。つまり，たとえ O レベルで比較的優秀な成績をとっても就職することが困難なために，18 歳までは仕方なく学校に残るといった状態が出てきたのです。ところが，18 歳で就職できるような職も少なくなっている。こういった状況に労働市場も十分に応じきれていない。そこで 18 歳で A レベルを取っても就職できないならば，失業するよりも大学に進学した方がいいということになり，大学進学者数が急増したのです。ところが今までかろうじて人口 15 ％の新卒者が収容できる程度の就職先が，急に 30 ％になると当然失業者も多くなります。彼らは 1 年程度職を探しますが，希望するような職もなく，結局は 10 年前なら O レベルでも勤められた職に就くわけです。日本が 1950 年代，60 年代に経験したことです。つまり大卒は皆が皆大企業に入れるわけではなく，中小企業でも満足しなければならないというような時代になっているのです。

ウィンチェスター・カレッジ

　現在イギリスではそういった過程が非常に速いスピードで進んでおり，か
なり大きな歪みや不満を引き起こしています。例えば国立経済社会リサーチ
（National Economic Social Research）が金融界や企業の就職者を対象に調査した
のですが，その中で確か 1993 年の新規採用の大卒の半数程度が，Ｏレベル
相当の職——日本で言えば日本の短大卒程度の仕事に当たるのでしょうが
——に就いており，Ｏレベル修了者と同額の給料をもらい，同等の昇進をし
ているという結果が出ているのです。そのため，大学の拡張など無意味では
ないか，まったく非生産的な学歴の積み重ねでしかないのではないか，とい
う意見もあれば，とにかく 22 歳まで勉強に専念し，人間として完成に近づ
くために必要なのだという意見もありますが，さてどうでしょうか。

　以前は，高等教育を受けるための資金が潤沢に使われていました。しかし
公的資金援助が次第に少なくなり，学生たちも日本の学生同様アルバイトを
しなければならなくなりました。すると学生は，日本と同じく試験に何とか
平均点が取れるぐらいの勉強しかしなくなります。人間を変えるような，本
当に人間として成熟するほどの知的好奇心や意欲を持って勉強するというの

ではなく，ただ試験に合格するためだけに暗記する学生も少なくないので
す。特に，学力でいうと平均以下の学生にあてはまるのですが。

　もうひとつ非常に面白い現象は，国民の年齢層の1割以下しか大学に進学
しなかった時代に，Aレベルで大学合格水準の得点を得ることのできる16
歳から18歳の生徒は同年齢層の2割以下で，2年間のシックスフォーム（大
学進学準備教育課程：sixth form）に進学しました。ところが今は，6割の生徒
がシックスフォームに進学するのです。その6割の生徒の中には到底大学入
学水準に達することのできない学力の生徒も含まれています。そういう生徒
のために，もう20年ぐらい前からさまざまな試みがなされており，シック
スフォームを2年間かけて何とか聞こえのいい名前のついた資格を与える
コース——一般全国職業資格（General National Vocational Qualification: GNVQ）
のことですが——を設けて職業教育をしています。

　内容的に実際に役立つGNVQもありますが，とにかく18歳まで勉強を
続けたという証拠にしかならない程度の教育もあります。GNVQを取得し
て就職した生徒を調べてみると，勉強で得た成果を活かして就職する者も3
割はいましたが，大半は勉強したこととは無関係な職に就いていました。
シックスフォームで学ぶことは，就職の準備以外にも人間形成という点から
重要な場合もありますが，教育学者がいうところの価値ある教育だとはとて
もいえないと思います。

> ## イギリスの大学卒業生の知的水準が
> ## 低下してきたのではないか

——今のお話に多少関連がありますが，ドーア氏ご自身は高等教育の拡大に
対して，否定的な考え方をもっていらっしゃるのでしょうか。

　高等教育の拡大は必然的な傾向だと思います。結局問題は，イギリスでは
大学卒業水準が下がっているということです。フランスやイタリアでも大学

進学者数は増えていますが，大学卒業水準は落ちていません。イタリアでした
ら年齢層の35％が入学しますが，卒業するのは7％位で，あとは落としてし
まうのです。イタリアで大卒とは，昔と同じような知的水準を維持してい
ます。そして，35％のうちで落伍する28％は，大学で有益なことを覚える
こともあります。例えば，イタリアの私の友人は大学に入って4から5科目
を勉強しながら，在学中にアルバイトをしたところ，それが成功し，かなり
高い給料で雇われて，徐々に自分の専門を広げながら，今では私には理解で
きないコンピューターの専門家になっていますが，大学をまだ卒業していま
せん。仕事の募集はあるのですが，大卒が条件なので，卒業するためにまた
勉強をパートタイムで始めています。私の言いたいことは，フランス，イタ
リア，ドイツは大卒という知的水準を落としていないということです。

　しかしイギリスでは入学させれば，日本と同様にとにかく9割は卒業させ
ます。たいていの大学では，9割以上卒業しなければ教育が悪いということ
になり，大学が十分教育していないということになるのです。ところが日本
と同じように，イギリスの大学だってピンからキリまであるのです。日本と
違うのは，はっきりした入学試験制度がないということです。日本であれば
どこの予備校に行っても，どこそこの大学に入るためには偏差値がこれくら
いでなければ合格可能性が何％以下であると，きちんと計測できます。とこ
ろがイギリスは全くそれがありません。

　昨日か一昨日の新聞にまだ入学可能な大学の学部や学科のリストがのって
いましたが，すごいでしょ。まだ，募集しているのです。[1] オックス・ブリッ
ジに入学するには，かなりAレベルの成績がよくなければならない。自分
の親がオックス・ブリッジのカレッジの卒業生であるということも少しは有
利になりますが，しかし，東大，京大のような厳しい選抜ではありません。

1）このインタビューが行われたのが，8月中旬で，イギリスの大学は通常9月末か，10月に新学期
　が始まることになっている。

イギリスの大学も日本と同じように序列化されています

　金融業界がわざわざ出かけて雇用の募集をしているのは，オックスフォード，ケンブリッジ，ダーラム，エディンバラ，ブリストルの5つの大学だけです。その5つは，エリート大学とされています。そしてその5つをみれば，やはり私立学校であるパブリック・スクール出身の裕福な家庭の子供の割合が高い。もちろん名声があるから多くの学生が集まる。大学の先生はなるべく優秀な子を教えたいので，どちらかと言えば頭のよい子を選ぶ。そして結果的には大学の水準も高くなります。

　イギリスも日本のようにだんだん序列化されてきています。オックスフォード卒と旧ポリテクニク卒との労働市場における価値は全く違います。ところが，イタリアやフランスだったら，例えばイタリアならローマ大学であろうが，ピサ大学であろうが，ボローニャ大学であろうが同じ大卒として，同等の知的水準をもっていると見なされるし，そう見なしてもかまわないのです。

　イギリスは明らかにヨーロッパではなく，日本の方向に進んでいるといえます。そして，大学の序列化に使われているのは，いわゆる A レベルの得点，A レベルの科目別得点結果です。大学のランキングを決めるのは，入学生の A レベルの優良可，つまり ABCDE ですね。A は5点，B は4点というように計算し，それを総合して入学する学生の平均は何点であったと，大学入学中央サービス（University Central Admissions Service: UCAS）が得点を発表するのです。それを使って次第に日本的になるわけです。

日本と違ってほとんど受験産業がない理由は

——こうした A レベルの点数でイギリスは変化していくのでしょうか。また，

得点は受験の目安にはならないのですか。

　さほど変わっていくとは思いません。イギリスは，第一に予備校が少なく，模擬試験というものも聞いたことはありません。もちろん学校などで，各Aレベル科目で過去の試験問題を使った勉強や，学内での模擬試験はしますが，その自分の成績と80万人を母体とした偏差値計算はできません。

──どうして予備校がないのでしょうか。家庭教師をつけるからでしょうか。

　入学試験がないからです。オックスフォードに受験して不合格だったら，来年再度挑戦したところで合格する可能性はないわけです。場合によってAレベルの試験をもう一度受けるという生徒もいますが，効果はありません。最初に失敗したということは受験者の学力レベルとして記録に残り，1回目にDを取った生徒が2年目にAを取り，もし面接にまでいければ，その面接の時に第1回目は父親が死んで大変な精神状態で試験など頭に入らなかったというような説明でもすれば何とかなるかもしれませんが，特別な事情がない限りいくら努力してもAレベルの試験をもう一度受けたところであまり役には立たないのです。日本は，全く客観的な基準でしょ。日本の基準が計っていることは，先天的能力および努力です。努力はもう少し投資することができます。つまり，再度受験できるので受験産業が日本では盛んになるのです。

モードリアン・カレッジ
（オックスフォード大学）

──イギリスはAレベルの得点アップのための努力を評価しないということでしょうか。

　努力を評価しないのではなくて，学校に入学する時点から卒業時までの努力の累積結果としてAレベルの試験結果をみるのです。すでにAレベルの

試験の結果に，先天的能力および努力が入っていると見なしているのです。第1回目のＡレベルの試験結果を，大学入学後どれだけ努力するか，どれだけ熱心な学生になるかの指標とするのです。

──大学入試の際の面接とＡレベルの総得点で合否が判定されるということですが，面接とＡレベルの比重ではどちらが高いのでしょうか。

　大学によって違いますが，難しいのは，入学を決めたり面接を行う時期はＡレベルの試験結果がまだ出ていない時期であるということです。大学によって違いますが，まず，Ｏレベルの結果を見て，そして中等学校の先生のＡレベルの試験の結果はこうであろうという内申書の予測を考慮し，おそらく入学定員者数の2倍から3倍の入学志願者を面接するのです。面接で選抜しますが，普通は条件つきです。つまり，Ａレベルの結果が何点以上であれば入学を許可するといった条件です。

> あまりにも生徒の学力が低下したため，総合中等教育
> 学校（Comprehensive School）に批判が集まりました

──1970年以降のサッチャー政権（Margaret Thatcher：任期 1979 − 1990）あるいはサッチャー政府が実施した政策が教育に与えた影響というものを，ドーア氏はどのように見ておられますか。

　サッチャー時代には，次第に社会から取り残されていく子供たちの問題が顕著になっていきました。サッチャー政権と無関係な要因もかなりあると思います。経済機構の変化，技術力の向上により単純労働が段々と少なくなっていったこととも関連しています。しかしその問題を解決することが重要になってきたのです。その中で推進された教育内容の変化は，最低学力水準を規定して，全国で7歳，11歳，13歳の3回，全国共通学力考査（National Achievement Test）を行うことです。結局それは教育思想の変化だったのだと思います。

1950年代，60年代はアメリカの影響も大いにあり，デューイ革命の結果として，勉強は楽しいことでなければならないとされました。子供の勉学意欲を殺さないことが何よりも大事なことになったのです。そのため，あまり規律を押し付けたり，正確さを求めたりすることはいけない，そんなことをすれば子供が嫌気をさし，自ら自発的に学ぼうとしなくなると考えました。

　作文を書くときに全くでたらめのスペリングでも，文章になっていなくても，その子が一生懸命に創造性を発揮して書いたものならば誉めなければならない。そのような教育は頭のいい子には適していますが，学力の低い子供には問題です。そのため読み書きができないまま卒業する生徒が非常に増えました。それに対する改革が，すでにサッチャー以前にキャラハン（James Callaghan：任期1976 – 1979）が首相であった頃に起こり，それがサッチャー時代に徹底され，全国的に展開されたのです。平等主義を振り回していた教員組合が問題だったのです。

　教員組合は，正確さという価値を強調するような全国共通学力考査に反対しました。教員組合がそれに反対した理由はひとつにはそういう思想問題からですが，2つ目の問題は，全国共通学力考査が労働強化だというのです。つまり，正確さを要求しない教育には準備時間などあまりいりません。子供の創造性に任せてしまうのだから，準備をすれば画一的になってダメになる，ということで準備しない。そして採点もしない。一方，全国共通テストは先生の負担になり，教え方の悪い先生がわかってきます。つまり，思想上の反対というよりも私が見たところでは，労働強化を反対してのことだったと思います。

　日本に比べ，イギリスでは教師はいい職業とはいえません。日本であれば，警察官よりも学校の先生の方が給料がいいし，小学校の先生と大学の助手では，どちらかというと初任給は小学校の先生のほうが高いんじゃないですか。ところが，イギリスでは警察官のほうがずっと教師より初任給が高いのです。そのため，おそらく教師の学力，知的能力の質が，今世紀の初めから徐々に低下してきているように思います。今世紀の初頭だったら，国民の8

割程度の労働者階級の中でも頭のいい子供が，社会移動を目的として教師になることが多かった。出世するためにはよい仕事だったのです。ところが，以前なら教師になっていた人たちも，現在なら金融界でも，産業界でも就職できます。教師より給料の高い職業は多いのです。

　また，1960年代までは戦前の日本と同じように12歳以後は選別教育だったのです。1950年代の終わり頃，最も優秀な20％から25％ぐらいの子供たちがグラマー・スクールに行き，残りの子供たちはセカンダリー・モダン・スクールや職業訓練学校に行っていました。ところが，これも労働党が主張していたことなんですが，これではイギリスの社会問題のひとつである階級差別，中流，上流階級と労働者階級との文化的および思想的国民意識のギャップが，いつまでたっても改良されない。ただ労働者階級の有能な人が上に移動するだけで，階級意識は変わらない。そこで，中・上流階級の生徒と労働者階級の生徒が，たとえ数学や外国語は能力別編成のクラスでも，少なくとも15，6歳までは一緒に生活やクラブ活動をして，地理や歴史を一緒に勉強するような学校，総合中等教育学校が導入されたのでした。アメリカの制度，アメリカが戦後日本に導入した制度ですね。

イギリスの子供

　その結果として，いわゆる総合中等教育学校を推進した人たちは「総合中等教育学校の生徒は人間として成長し，また知的効果もある」と主張するのですが，実際には優秀な生徒たちの知的発達を遅らせることになったのです。この主張は，大きな間違いだったと思っています。事実を認め，むしろ多少足かせにはなるけれども，それは我々国民が払うべきコストであると主張すればよかったのです。そして今度はサッチャー政権が優秀な人の知的発達を阻害する総合中等教育学校はけしからんといいだ

しました。イギリス経済の競争力を維持・強化するためにはなるべく才能ある人たちを活用しなければならないというのです。まあそれもそうだとは思うのですが。

親の選択権が学校格差の拡大を助長した

　各分野で力をつけるまでに覚えなければならないことが段々難しくなる。50年前だったら学部卒業後すぐに物理学，生物学の研究生活に入れた学生が，今や少なくとも修士号を取るのが当たり前，博士号を取らなければ本当の戦力にならないということが常識になりました。そのための長い道のりを短縮するために，また若い時期から優秀な人材を育てるために，サッチャーはグラマー・スクールを推進したのです。イギリスの教育行政はもともと中央集権的ではなく地方分権的ですから，それは奨励されただけで地方政府の色彩によって多様に解釈されました。

　問題は小学校です。小学校は今まで学区制があり越境入学はダメでした。学区を決める際には，なるべく中流階級の地域と労働者階級の地域とを混ぜていました。つまり，オール中流とか，オール労働者という小学校ができないように配慮していました。もちろんバーミンガム，マンチェスターのように広範にわたる地域が労働者階級の場合にはそうはいきませんが，なるべくそういった配慮をしていたのです。ところが，サッチャー政府は次のような論法を取ったのです。「我が国の教育は荒廃している，それを直すにはもっと親を参加させなければならない。そして親を動員するひとつの方法は，親に自分の子供が通学する学校を選択する責任や義務を負わせることがよい。親の選択権が，親の責任であると共に親の権利である」と，学校選択が市民権のひとつの重要な権利であると主張したのです。その結果区域がなくなりました。

　教育熱心な親は，よい学校に自分の子供を入学させようと考えます。良い学校には定員の倍ぐらいの子供が応募するわけです。学校は成績のいい子，

中流以上の家庭の子供を選択する傾向があります。特に全国共通テストで学校の成績を公表しますから，去年の共通テストの成績はこの学校は平均点が何点，この学校は何点というように，小学校のランキングができました。テストの結果は，選択する側の親の判断材料として当然提供されなければならない。そして，ますます学校の格差は拡大していくのです。それが現在最も大きな問題のひとつであると思っています。

──しかし今回政権党が，保守党から労働党にかわったではありませんか。

　メイジャー政権がサッチャー政権を引き継ぎ，それが大いに負けて今まで総合中等教育学校や平等主義を推進してきた労働党の政権になって何が変わったかというと，何も変わらないのです。

──新政権である労働党は保守党の政策を継続するのですか。

　つまりこの親の権利を取り上げれば，労働党は次の選挙では勝てないという政治的な判断で，親の選択権が全く神聖な原理と見なされてきたのです。だから主義，主張はどうであろうとそれを覆すつもりはないということです。ただなるべく階級差別的な効果をもたないように，定員オーバーした場合には子供を選択する際，学力を問題にしてはいけない，親との面接で選択することは禁止するといった通達でお茶を濁しています。

　親に選択権を与えると，選択するなら学校へ行って校長先生に会っていろいろ聞きたくなりますよね。そこで校長先生が「それは面接になりますから断ります」と言えるでしょうか。そんなバカなことをやっているのです。この問題は将来非常に大きな問題になると思います。今なお，親の選択権は，子供の教育に対する意識を高める重要な手段であるといった偽善が横行しているのです。

──サッチャー政権時にイギリスの総合中等教育学校では，いわゆる能力のある子供の学力が伸びない，伸びないだけでなく，その芽さえも摘んでしまう恐れがある。そこでグラマー・スクールが再度脚光を浴び，優秀な子供たちはそこで教育されている，ということでしたが，そのことを考えますと日本の中学校での教育は公的なものに関して言えば，イギリスの総合中等教育

学校に似ているように思われます。現代のグローバル社会の中で生き残っていかなければならないのですが，日本のいわゆる平等主義を根底とした公的な義務教育制度の下で成長していく日本の学生は，選別され，専門能力も高い他国の優秀な学生と太刀打ちできなくなっていくのではないでしょうか。

　少なくとも大都会の最も優秀な子供は，能力別編成を行わない公立中学校には行きませんよ。私立の中・高一貫校や，私立大学や国立大学の附属高校，例えばお茶の水とか学芸大附属に行く。それが国民の2％ですが，非常に成績のいい子しか取らない学校に通う子供は，2％の内の半分ぐらいでしょう。優れた科学者や技術者になる人は1％あれば何とか間に合いますし，日本の一般公立の小・中学校の先生がどうやって教えているのかわかりませんが，優秀な子供の知的発達もそれほど遅れないのではないかと思っています。

　日本ではできる，できないにかかわらず学校で相当量の宿題を出すでしょう。イギリスの総合中等教育学校では，宿題なんてあまりやらなかったので，平均水準が日本に比べて低かったのです。でもその中で能力別編成をした学校に行く生徒が1％，そして国にとって重要な人材となる3，4％の学生が，うまく育ってきたので何とか間に合ってきたのです。一方，日本で現在中教審が推薦している中・高一貫校のシステムでは，各県の最も優れた受験校は15歳ではなく12歳から生徒を募集する。その目的は明らかにサッチャーのそれと同じだと思うんですね。

――その結果として，各学校の格差が広がり，深刻な序列化をもたらすのですね。

　もちろん。「そんなことはない，有名受験校をつくる意図はない」と皆言っているのですが，それは日本的な偽善でイギリスの親の選択権と同じです。イギリスでも，学校によっては総合中等教育学校でもグラマー・スクールと同レベルの学校もあります。もちろん生徒の先天的能力とも関連しているのですが，総合中等教育学校で伸びた生徒もいます。しかし，一般的に総合中等教育学校に入ると，勉学の上で多少損をするということは確かです。

試験を終えた学生たち（オックスフォード大学）

注：試験を受ける時は，オックスフォードのすべての学生はサブファスク（Subfusc－黒のアカデミッ
クガウン）と黒のスーツ，スカートもしくはズボン，黒のタイツもしくはソックス，それから白
のブラウスを着用しなければならない。また，女性はリボン，男性は蝶ネクタイを締めて試験会
場に出向く。ドレスコードを守らない場合，試験会場に入れないのである。他に必須ではないが，
試験日にはカーネーションをつけるのだが，試験一日目では白のカーネーション，間の試験日に
はピンクのカーネーション，そして最終試験日には赤のカーネーションを胸元につける。
（https://www.oxfordstudent.com/2015/04/01/what-the-subfusc-academic-dress-extended-to-tutorials/
2021 年 3 月 10 日最終閲覧）

> ## あらゆる政策目標の中で経済効率の比重が
> ## 次第に高くなってきている

——総合中等教育を創設する上での理念は素晴らしかったと思うのに，それ
が結果的にはうまく働かなかったことが残念です。先ほどのサッチャーイズ
ムということで，私自身の興味からお聞きしたいのですが，ニューライトの
思想の中に，効率的，合理的なものを追求するといったアメリカ的発想が非
常に色濃く影を落としているように思うのですが。

　それはそうでしょう。国際経済の変化の結果です。20 年前には「競争」
（competitiveness）という言葉を耳にすることはありませんでした。つまり，会

社間の競争はわかりますが，自国の経済力と他国の経済力を比較するという発想はありませんでした。

　今世紀の始め，1902～03年頃，国の公的資金で学校を創設した時から，国民の知的能力を開発することは国力を増すために重要であるとされました。この考えは新しくはないのですが，競争力という言葉を使うようになったということは，あらゆる政策目標の中での経済効率の比重が段々高くなってきたということです。逆に，1960年代に総合中等教育学校を導入したということは，教育が国際競争の中でイギリス経済にどのように影響を与えるのかあまり問題にされていなかった証拠です。政策目標の中での比重がまだ低かったということです。むしろ，どうやってイギリスの社会を連帯意識をもった良い社会にするかということが課題とされていたのです。そういう点では，おっしゃったようにサッチャーイズムが，イギリス社会での価値の優先順位の変化をもたらしたということです。

――多くの日本人が高い基礎学力を身につけたこと，そのことが産業にもプラスの影響を与えたこと，そういった意味では，労働市場のニーズと日本の教育制度が意外とバランスが保たれていたといえますが，現在日本もそれではいけない，そういった人間だけではなくもっと創造的能力をもつ人間や卓越した研究者が必要である，といわれています。そういった人々を生み出すためには，日本の教育制度が変わっていく必要性があると思われますか。

　創造できる子供は，正確な文章を書く能力，誤字ばかりでなく漢字を全部正確に書く能力を道具として習得することができます。こういった知的道具を早く獲得し，そして十分余裕がある。創造的なことをする余裕を残していると思います。しかし，今は創造的なことができる前に覚えておかなければならないことの量が，段々と多くなっているのです。これは，日本ばかりでなくアメリカでもどの国でも当てはまります。

　私は日本の社会に問題があると思うのです。日本の社会は一般に「出る杭は打たれる」社会です。人と違うようなことをしたり，言ったりすることは，例えばイギリスより相当勇気が必要であり，そういう態度を示す人が少ない

ということは，日本の社会全体の特徴であると思います。日本の教育の問題ではないと思うのです。

インタビューを終えて

　ドーア氏によれば，イギリスでは1年に1万3,000人もの子供たちが学校に適応できず中退するが，その子供たち一人ひとりに対し地方教育当局は特別指導員をつけ，子供の社会への復帰を図るという。実際は公的資金の不足のために完全に実行されてはいないものの，そのような政策を試みようとするところにイギリスの社会福祉の底力を感じる。

　平等な社会は，個が個としての尊厳を保てるところから始まる。社会福祉を国民が当然の権利として主張でき，ハンディキャップをもつ人間が一人の人間として偏見をもたれない生活ができる社会になるには，ドーア氏が指摘するように「出る杭は打たれる」ような社会では不可能であろう。

　新しい技術，思想，絵画，すべての新しい発見は，他とは異なるからこそ新しいのであり，凡人の理解を超えているがために，最初は全く受け入れられない。その新奇なもの，他とは異なるものを，異質のものとしてあるがままに受け入れられるだけの許容力が社会にあるかどうか，それこそが創造性を育む土壌を生み出すための決め手となるのであろう。

1）現在イギリスで起こっているかなり大きな歪みや不満とは何でしょうか？
2）大学教育は，私たちにとってどのような意味があるのでしょうか？
3）フランス，イタリア，ドイツの大学卒業生は大卒という知的水準を落としていないのはなぜでしょうか？
4）イギリスの大学も日本の大学のようにだんだん序列化されてきているということですが，その理由は何でしょうか？
5）なぜイギリスに予備校がないのでしょうか？
6）読み書きができないまま卒業する生徒が非常に増えた理由は何でしょうか？
7）「まあそれもそうだとは思うのですが」に続き，ドーア氏はどのようなことを言いたかったのだと思いますか？

イートン・カレッジ（パブリックスクール）

【解 説】
(1) イギリスの公立学校

　イギリスでは公立学校を公立学校（State School）と呼び，各地方自治体が管理している。公立学校には政府管轄の学校や教会学校（Church School：各宗派の教会による学校）も含まれている。公立学校は日本と同じく，区域制が原則で，校長の権限が非常に大きく，学校の方針に大きく影響を与えている。

　公立学校の授業料は無料で，教科書やノート，教材等も基本的に支給される。昼食は給食でも弁当持参でもどちらでもよいが，給食の場合には給食費を毎週納める必要がある。親子そろっての授業参観日というものはないが，希望すれば参観できる。父母主催のバザーは資金集めの催しで，チャリティー団体への寄附や学校の奨学金に充てられる。長期休暇でも宿題が少ないことは，日本の学校とは異なるかもしれない。

(2) イギリスの私立学校

　イギリスの私立学校は独立学校（Independent School）あるいは私立学校（Private School）と呼ばれ，パブリック・スクールもこれに属している。私立学校の教育システムは，校長の方針が大きく関わっている。校長の権限は絶大で，校長色にスクール・カラーは染まりやすい。男女別の学校が多いが，共学校や，男子校でもシックスフォームで女子を受け入れる学校が多くなってきている。現代では，イギリスのパブリック・スクールは富裕な階層や名士が多額の授業料を払って学ぶ学校のようなイメージが先行しているが，その起こりを眺めてみるとパブリック・スクールの設立趣旨はイメージとは異なっている。

　パブリック・スクールという名称は，中世ラテン語の publicae scolae に由来する。それは，前身がギリシャ語およびラテン語の文法を教える学校（グラマー・スクール）だったことによる。パブリック・スクール自体は法制上，明文化された言葉ではなく，もともと身分と境遇，それに地域の特殊性を排除して「公開された学校」という意味で使われてきた。

14世紀のイギリスに，グラマー・スクールのなかから王族，貴族，富豪の基金を元に建てられた学校が現れ，それらが貧困層の少年たちを無償で受け入れた。最初は学校の周辺の地域からのみの募集であったものが，イギリス全土からの募集となったことも，パブリック・スクールと呼ばれるようになった理由である。そのため，「公共の福祉に役立ち得る可能性をもった人間であるならば，その身分や職業は問わない」や，基金の受益者がその出身，境遇，地域の区別を問われないことも，パブリックという言葉は意味している。

ヨーク大聖堂

═══ ❦ **コラム** ❦ ═══

パブリック・スクールの教え

① イートン校元校長：エリック・アンダーソン

「それぞれの生徒が責任を負うこと，他人とともに生活することの重要さを，寮生活などを通じて学ぶ。同時に自分より恵まれていない人たちを助ける責任が自分たちにはあることを認識する。イートン校の教育の狙いは，バランスのとれた個人の育成である。生徒は，自分の短所と長所を自覚し，自分の能力を最も効果的に用い，自分の弱点を克服する努力をするよう教えられる」

② ラグビー校元校長：トマス・アーノルド

彼の教えをまとめてみると，

・宗教的・道徳的規律＝徳育教育，徳をもって自己を律する
・ジェントルマン的行動の実践＝慈愛ある行動
・知的能力の開発＝各生徒の優れた面を引き出しその才能を育てていく教育で最も重要なことは，「信仰と徳をもって行動すること」であり，第二に，「人々に慈愛をもって接すること」，そして最後が，「学力や能力」なのである。当然のことではあるが，教育は人格を形作るものなのだ。

　例えば歴史も暗記中心ではなく，アーノルド以来の伝統を引き継ぎ，史実を正しく知ったうえでその教訓として現代にどう活かすかを考えることに主眼が置かれている。「だれ」が「どこで」死んだかよりも，何のために，なぜ死んだのか，その理由を。なぜなら人間の習性というものはほとんど変化することなく，同じ過ちを繰り返す。その過ちを繰り返し犯さぬためにも古典を学ぶのである。

③ ハロウ校前校長：ジム・ホーキンズ

　単に名門大学に入ることを教育の目標とはしていない。「成績だけではなく，その先の長い人生においても，彼らに幸せな人間になってもらいたいのです。高い理想ほど，時間が長くかかるのですよ」と，同校のホーキンズ校長はこのように語る。

　人が学び，生き，働くのは何のためか――。極めて哲学的な問いかけだが，ホーキンズ校長は「すべては個としての充足や幸福を得るためである」とし，そのうえで学校での学びはそれぞれの生徒が人生のスタートラインにつく前＝社会に出る前に，①人生の学習，②リーダーシップ，③奉仕の精神，④個人の充足の4つを準備させることが校務である，と考えているのだ。

⟨ESSAY⟩

The Chap Olympiad

In the UK, there is a unique event called the Chap Olympiad which is hosted by the Chap, a humorous British men's lifestyle magazine founded in 1999 by Gustav Temple and Vic Darkwood, and published quarterly.

This Olympiad has been held in Bedford Square Gardens in London annually since 2005. Eccentrically sporting non-athletic events are held, such as the pipeathlon, iron board surfing and umbrella jousting. In the pipeathlon, contestants attempt the tricky challenge of completing a 10-yard course whilst engaged in each of three disciplines: pipe-smoking, cycling and being carried by their servants across the finishing line.

It is called an Olympiad but it is full of jokes and things that might seem quite weird. The participants have to wear formal clothing. As the organiser said, "The Americans have cowboys. The British have gentlemen." All athletes must maintain their appearance and the air of gentleman.

When thinking of British people, we sometimes wonder what a gentleman really is. Although its definition is difficult to clarify, there have been various attempts. Being a gentleman means that you have good morals, self-control, honor, integrity, sincerity, and loyalty. Another code of conduct and indispensable quality has been "charity" and "paternalism" toward the people of his dominion.

On the other hand, salespeople at convenience stores in Japan receive a lot of stress due to the behaviour of ordinary workers (salary-men). These customers easily get angry with shop clerks or their family members in order to release their dissatisfaction, and stress from work, while working class customers tend to speak to clerks with a smile. Which ones are real gentlemen?

We would like to live every day adhering to ethical and moral principles. We should seek justice and do good deeds with morality, as a true gentleman would do. Even though we try, however, we cannot always succeed, perhaps because of a lack of a time, money, power, and courage.

The front cover of *The Chap* no. 48, the 10-year anniversary issue

Sometimes we need to wait for a right moment. Hopefully, there is meaning to each failure and sorrow, and each of them will lead us to happiness later, if we continue to do our best.

**"It is only with the heart that one can see rightly;
what is essential is invisible to the eye"**

By Antoine de Saint-Exupéry

「心で見なくちゃ，ものごとはよく見えないってことさ。
肝心なことは，目に見えないんだよ」
アントワーヌ・ド・サン＝テグジュペリ

シュルズベリー・スクール（パブリック・スクール）

【資　料　編】

基本情報：イギリスと日本

1. 学校系統図

1-1) イギリス（イングランドとウェールズ）

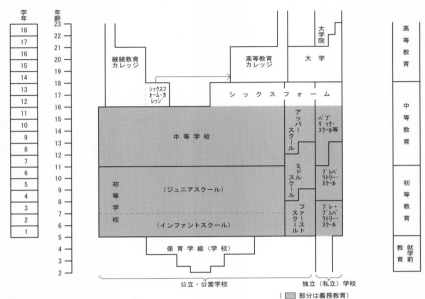

就学前教育：

義務教育：義務教育は 5 ～ 16 歳の 11 年である。ただし，16 ～ 18 歳は教育あるいは訓練に従事することが義務付けられているため，実際の離学年齢は 18 歳である。この期間，進学者だけではなく就職者もパートタイムの教育・訓練を継続する。

初等教育：初等教育は，通常 6 年制の初等学校で行われる。初等学校は，5 ～ 7 歳を対象とする前期 2 年（インファント）と 7 ～ 11 歳のための後期 4 年（ジュニア）とに区分される。両者は 1 つの学校として併設されているのが一般的であるが，一部にはインファントスクールとジュニアスクールとして別々に設置しているところもある。また一部において，インファント（スクール）・ジュニア（スクール）に代えてファーストスクール及びミドルスクールが設けられている。

中等教育：中等教育は，通常 11 歳から始まり，7 年間続く。公費により維持される中等学校は原則無選抜（コンプリヘンシブ・スクールと呼ばれる）だが，選抜制の学校（グラマー・スクール）とモダン・スクールに振り分ける地域も一部にある。義務教育後の中等教育の課程・機関としては，中等学校に設置されているシックスフォームと呼ばれる課程及び独立の学校として設置されているシックスフォーム・カレッジがある。ここでは，主として高等教育への進学準備教育が行われる。
初等・中等学校は，経費負担などの観点から，地方当局が設置・維持する公立・公営学校及び公費補助を受けない独立学校に大別される。近年，国の直接補助により維持されるが設置・運営面で独立校に近いアカデミー（公営独立学校）が増えている。独立学校には，いわゆるパブリック・スクール（11 又は 13 ～ 18 歳）やプレパラトリー・スクールなどが含まれる。

高等教育：高等教育機関には，大学がある（ユニバーシティ・カレッジやスクールを名称に用いる機関もある）。これらの機関には，第一学位（学士）（通常修業年限 3 年間）や上級学位の課程ほか，応用準学位のなどの短期の課程もある。1993 年以前は，このほか，ポリテクニク（34 校）があったが，全て大学となった。また，継続教育カレッジにおいても，高等教育レベルの課程が提供されている。

継続教育：継続教育とは，義務教育後の多様な教育を指すもので，一般に継続教育カレッジと総称される各種の機関において行われる。青少年や成人に対し，全日制，昼・夜間のパートタイム制などにより，職業教育を中心とする多様な課程が提供されている。

注 1：イギリスは，イングランド，ウェールズ，スコットランド及び北アイルランドの 4 地域（country）からなる連合王国であり，それぞれ共通性を持ちつつも特色ある教育制度を形成している。学校系統図は，イギリスの全人口の 9 割を占めるイングランドとウェールズについてのものであり，両地域はほぼ同様の学校制度を有している。

図 1　学校系統図（イギリス）

（出典）文部科学省『諸外国の教育統計　平成 30（2018）年版』https://www.mext.go.jp/b_menu/toukei/data/syogaikoku/__icsFiles/afieldfile/2018/07/10/1404260_03_1.pdf（2021 年 3 月 10 日最終閲覧）

1-2）日　本

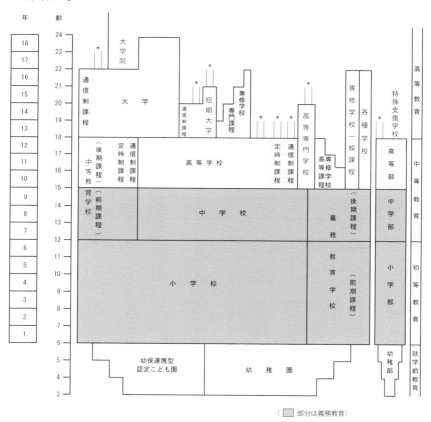

（ ▨ 部分は義務教育）

注1：＊印は専攻科を示す。
注2：高等学校，中等教育学校後期課程，大学，短期大学，特別支援学校高等部には修業年限1年以上の別科を置くことができる。
注3：幼保連携型認定こども園は，学校かつ児童福祉施設であり0〜2歳児も入園することができる。
注4：専修学校の一般課程と各種学校については年齢や入学資格を一律に定めていない。

図2　学校系統図（日本）

（出典）図1に同じ

2. 教育機関数

2-1) 学校種と機関数 (イギリス)

表 1　学校種と機関数

維持者別	教育段階	学校種名	修業年限	通常の在学年齢	学校数	児童・生徒・学生数	本務教員数	備考
			年	歳	校	千人	千人	
公立・公営学校	就学前	保育学校	−	3〜4	3,007	147.9	258.3	就学前教育については保育学校のみの統計。初等学校付設保育学級の生徒数は初等学校に含む。中等学校にはミドルスクールを含み、シックスフォーム・カレッジを含まない。公立・公営学校及び独立学校の教員数には、フルタイムに換算したパートタイム教員を含む。
	初　等	初等学校	6	5〜10	20,954	5,461.5		
	中　等	中等学校	5〜7	11〜15・16・17	4,176	3,800.5	241.6	
	特別支援	特殊教育学校	−	−	1,195 (353)	122.0 (15.0)	22.5 (m)	特別支援の ( ) は、特別指導施設 (PRU) の数。内数ではない。
独立学校 (私立)	初等・中等		−	−	2,391	583.8	74.2	独立学校の学校種別数は不明。
	特別支援	特殊教育学校	−	−	66	3.8	m	独立特殊教育学校の教員数は、公立・公営に含まれる。
国	高　等	大学	3	18〜20	161	1,747.9	135.0	大学・大学院の学生数は、パートタイムを含み、うちフルタイムは大学が1435.4千人、大学院が305.1千人。教員はフルタイム。
		大学院		21〜	m	533.0		
国	その他	継続教育機関		16〜	381	3,767.0	73.0	継続教育機関の学生数はパートタイムを含み、機関数はシックスフォーム・カレッジ (94校) を含む。教員はフルタイム。

注1：特別指導施設 (Pupil Referral Units：PRU) は、退学になった者や通常学校での学習が困難な児童・生徒が通う代替学。
注2：高等教育及び継続教育機関は独立の法人であり、財源は主に国の補助金による。
注3：「大学」には、校名に「college」や「university college」などを用いている高等教育機関を一部含む。これらの機関は、かつては学位授与権の有無、上級学位の扱い、規模などで大学と異なる点も多かったが近年その差が縮小している。なお、ロンドン大学は連合大学であり、構成する 17 のカレッジを含めている。
注4：継続教育機関は、高等教育プログラムも提供している。
(出典) 図 1 に同じ

2-2) 大学を含む高等教育機関数 (イギリス)

表 2　高等教育機関数

地　域	イングランド	ウェールズ	スコットランド	北アイルランド
機関数	130	12	19	4

注：合計 165 機関, 人口は、6,564 万 8,100 人。
(出典) 国家統計局, 2016 年

2-3) 日本の国立，公立，私立の学校数 (2020 年 5 月 1 日現在)

私立学校の占める割合は，幼稚園で 66.0 ％，小学校で 1.2 ％，中学校で 7.7 ％，高等学校で 27.1 ％，専門学校で 93.1 ％，短期大学で 94.7 ％，大学で 77.4 ％となっている。

表3 日本の国立，公立，私立の学校数

区　分	国　立	公　立	私　立	計
大　学	86	94	615	795
短期大学	0	17	306	323
専門学校	9	184	2,584	2,777
高等学校	15	3,537	1,322	4,874
中等教育学校	4	33	19	56
中学校	69	9,292	782	10,143
義務教育学校	4	121	1	126
小学校	68	19,218	240	19,526
幼稚園	49	3,250	6,398	9,697
幼保連携型認定こども園	0	833	5,006	5,839

（出典）令和 2 年度学校基本調査速報（文部科学省ホームページ）

3. 教職員数

3-1) イギリス

イギリスの教職員の身分は大学との雇用契約に基づき働く被雇用者で，2018年12月1日の全教職員数は439,955人で，2017年12月1日の429,560人より2%増加している。そのうち49%が教員で，フルタイム（FT）での雇用は296,185人である。これは2017/18年度の289,730より2%の増加である。パートタイム（PT）での雇用は139,830人である。これは2018/19年度の143,765より3%の増加である。

職階別に分類すると，教授（professor）は全教員の9.6%，上級講師（senior lecturer）は17.2%，講師（lecturer）は35.0%，その他の教育・研究職は38.1%となっている[1]。また，従来大学で使用されていたlecturer[2]の職名を，オック

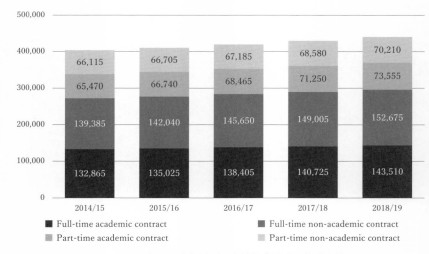

図3　雇用形態・学術契約別の高等教育機関の教職員数

（出典）HEFCE. *Higher Education Staff Statistics: UK*, 2018/19, Bristol: HEFCE, 2020.

---

1) 大学教員の地位は，教授（professor），准教授（reader），上級講師（senior lecturer），専任講師（lecturer）の順である。ただし，1992年以降に昇格した大学では，教授，准教授，主任講師（principal lecturer），上級講師（senior lecturer）の順となる。

2) university lecturer, university lecturer (medical), CUF lecturer, faculty lecturer 等を指す（University of Oxford, 2019）。

スフォード大学では，Associate Professor に変更する予定である。lecturer の称号は，いかなる職階を意味しているのか，国際的な認知が不足しているのが現状であり，名称を変えることにより，教員の国際的流動性を高めるとともに，優秀な教員を保持することが目的といわれている。

表4　雇用条件別教員数（イギリス：2014/15 から 2018/19 年度）

	2014/15	2015/16	2016/17	2017/18	2018/19
基本給					
一般的な資金提供者から	150,490	154,125	158,375	163,010	169,790
その他の資金源から	47,845	47,645	48,495	48,970	47,275
学術雇用条件					
教育のみ	51,970	52,970	56,130	61,050	66,355
教育及び研究	96,550	98,630	100,165	100,120	98,600
研究のみ	48,230	48,645	49,085	49,515	50,855
教育も研究も実施せず	1,580	1,525	1,490	1,290	1,255
契約レベル					
教授職	19,600	19,975	20,550	20,940	21,520
その他の上級職	5,935	6,160	6,050	6,175	6,185
その他の契約職	172,800	175,635	180,270	184,860	189,360
雇用条件					
非常勤 / 常勤	128,300	132,430	137,025	141,035	144,315
有期契約	70,035	69,340	69,850	70,945	72,750
合計	198,335	201,770	206,875	211,980	217,065

（出典）HEFCE, *Higher Education Staff Statistics: UK, 2018/19*. Bristol: HEFCE, 2020.

3-2) 日 本

表5　大学教員数（2016 年度）

	計	国 立	私 立
総 数	**184,248**	**64,771**	**106,183**
教 授	71,507	22,225	44,625
准教授	43,416	18,285	21,375
講 師	21,645	5,139	14,770
助 手	47,680	19,122	25,413
兼務者	196,476	39,640	142,174

（出典）『学校基本調査報告書（高等教育機関）』平成 28 年度．表 1．39 頁

表6　大学職員数（2016 年度）

	本 務	兼 務
総 数	**237,183**	**5,208**
国 立	79,273	24
公 立	16,008	367
私 立	141,902	4,817

（出典）『学校基本調査報告書（高等教育機関）』平成 28 年度．表 31．204 頁

4. 大 学

4-1) イギリスの学生数

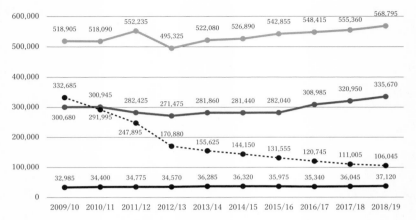

図4　研究レベル別（学部生，大学院生，第一学位，その他）高等教育機関の学生数
（イギリス：2009/10 から 2018/19 年度）

（出典）表4に同じ

4-2) 日本の学生数

表7　日本の大学における学位課程別，性別学生数

	学部学生数			大学院学生数			合　計	学生数
		男	女		男	女		
2013/14	2,562,164	1,448,323	1,113,841	255,390	176,988	78,402	2,817,554	2,868,928
2012/13	2,560,909	1,459,265	1,101,644	263,289	182,829	80,460	2,824,198	2,876,134
2011/12	2,569,349	1,475,066	1,094,283	272,566	190,032	82,534	2,841,915	2,893,489
2010/11	2,559,191	1,481,409	1,077,782	271,454	189,321	82,133	2,830,645	2,887,414
2009/10	2,527,319	1,474,151	1,053,168	263,989	183,414	80,575	2,791,308	2,845,908
2005/06	2,508,088	1,498,871	1,009,217	254,480	178,746	75,734	2,762,568	2,865,051
2000/01	2,471,755	1,558,533	913,222	205,311	151,095	54,216	2,677,066	2,740,023

注1：2013/14（平成25年度）は速報値。
注2：「学生数」は，科目等履修生・聴講生・研究生などを含まず。
（出典）図1に同じ

5. 学位取得者の専攻分野別構成

5-1) 各国学部段階

表8　学部段階の学位取得者比較（実数：単位：人）

	年度	性別/学位の種類	計	人文・芸術	法経等	理学	工学	農学	医・歯・薬・保健	教育・教員養成	家政	その他
日本	2017	男	306,655	31,009	118,811	13,170	75,273	9,633	21,783	18,069	1,457	17,450
		女	261,108	68,431	68,481	5,075	12,269	7,929	37,352	27,369	15,639	18,563
		計	567,763	99,440	187,292	18,245	87,542	17,562	59,135	45,438	17,096	36,013
アメリカ	2014	計	1,894,934	390,159	640,130	161,787	188,902	36,277	216,228	91,623	24,584	145,244
イギリス	2015	計	399,820	77,890	117,475	82,260	32,945	3,845	53,430	17,620	m	14,365
フランス	2015	計	187,511	58,305	65,673	45,455			10,767	m	m	7,311
ドイツ	2015	専門大学ディプローム	10,044	179	6,304	306	2,968	11	276	a	a	a
		学士	245,658	34,687	94,379	35,983	58,163	4,965	6,631	7,205	1,331	2,314
		計	255,702	34,866	100,683	36,289	61,131	4,976	6,907	7,205	1,331	2,314
韓国	2016	男	167,938	21,161	48,366	4,742	61,588	11,082	5,910	6,732	2,481	5,876
		女	170,538	50,181	49,814	3,918	17,059	10,316	16,165	13,147	7,819	2,119
		計	338,476	71,342	98,180	8,660	78,647	21,398	22,075	19,879	10,300	7,995

注：
日本：標記年3月の大学学部卒業者数。「その他」は，教養，国際関係，商船等である。
アメリカ：標記年9月から始まる年度における学位取得者数。「医・歯・薬・保健」は獣医を含む。「その他」は「軍事科学」，「学際研究」等の学科を含む。
イギリス：標記年（暦年）における大学など高等教育機関の第一学位取得者数。「その他」はマスコミュニケーション及び複合課程である。コンピュータ科学は「理学」に，獣医学は「農学」にそれぞれ含まれる。連合王国の値であり，留学生を含む。イギリスの値（公表数値）は，一の位を5の倍数（0又は5）になるように切り上げ，あるいは切り捨てを行っている。このため，内訳の数の合計が，合計欄の数と一致しない場合がある。
フランス：標記年（暦年）における学位授与件数。国立大学の学士号及び医・歯・薬学系の第一学位（Diplôme de docteur）の授与件数である。「その他」は体育・スポーツ科学である。本土及び海外県の数値。
ドイツ：専門大学ディプロームと学士の取得試験合格者数。
韓国：標記年3月の大学学部（産業大学，技術大学，放送・通信大学を含まない）卒業者数。「その他」は，体育である。
参考：中国の学位取得者総数は3,503,230人，卒業者数は3,585,940人である。学位取得者及び卒業者は，本科（日本の学士課程に相当）についての数値である。学士は本科卒業者で学業成績が一定の基準に達している者に授与される。数値は2015年度。専攻分野別の数値は不明。
（出典）図1に同じ

表9　学部段階の専攻比較（構成比：単位：％）

	年度	性別/学位の種類	計	人文・芸術	法経等	理学	工学	農学	医・歯・薬・保健	教育・教員養成	家政	その他
日本	2017	男	100.0	10.1	38.7	4.3	24.5	3.1	7.1	5.9	0.5	5.7
		女	100.0	26.2	26.2	1.9	4.7	3.0	14.3	10.5	6.0	7.1
		計	100.0	17.5	33.0	3.2	15.4	3.1	10.4	8.0	3.0	6.3
アメリカ	2014	計	100.0	20.6	33.8	8.5	10.0	1.9	11.4	4.8	1.3	7.7
イギリス	2015	計	100.0	19.5	29.4	20.6	8.2	1.0	13.4	4.4	m	3.6
フランス	2015	計	100.0	31.1	35.0	24.2			5.7	m	m	3.9
ドイツ	2015	専門大学ディプローム	100.0	1.8	62.8	3.0	29.5	0.1	2.7	a	a	a
		学士	100.0	14.1	38.4	14.6	23.7	2.0	2.7	2.9	0.5	0.9
		計	100.0	13.6	39.4	14.2	23.9	1.9	2.7	2.8	0.5	0.9
韓国	2016	男	100.0	12.6	28.8	2.8	36.7	6.6	3.5	4.0	1.5	3.5
		女	100.0	29.4	29.2	2.3	10.0	6.0	9.5	7.7	4.6	1.2
		計	100.0	21.1	29.0	2.6	23.2	6.3	6.5	5.9	3.0	2.4

（出典）図1に同じ

5-2) 各国大学院段階

表 10　大学院段階の専攻比較（構成比：単位：%）

	年度	計	人文・芸術	法経等	理学	工学	農学	医・歯・薬・保健	教育・教員養成	家政	その他
日本	2014	100.0	8.6	10.1	9.5	40.8	5.7	12.2	5.3	0.3	7.6
アメリカ	2014	100.0	10.4	34.8	4.8	11.1	0.9	18.6	16.9	0.4	2.2
イギリス	2015	100.0	10.3	36.3	13.3	10.3	0.7	11.2	15.5	m	2.5
フランス	2015	100.0	31.8	34.8	24.3			7.5	m	m	1.6
ドイツ	2015	100.0	11.0	22.6	14.6	17.2	2.2	10.4	21.4	0.3	0.5
韓国	2015	100.0	18.1	27.3	1.6	17.9	6.2	10.9	15.3	1.5	1.1

（出典）図 1 に同じ

5-3) イギリスの学位課程別学生数の経年変化

表 11　学位課程別学生数の経年変化
（2014/15 から 2018/19 年度）

	2014/15	2015/16	2016/17	2017/18	2018/19
大学院レベル					
博士課程	98,555	98,525	100,085	100,275	101,885
その他の大学院後期課程	14,355	14,615	12,435	11,290	10,930
大学院後期課程総数	**112,910**	**113,140**	**112,520**	**111,565**	**112,815**
修士課程（taught コース）	299,110	293,915	313,920	334,310	354,445
教育大学院証書課程（PGCE）	27,400	25,990	24,020	24,945	26,345
他の大学院 taught コース	98,755	98,185	101,135	95,740	92,125
大学院前期課程（taught）総数	**425,265**	**418,090**	**439,075**	**454,995**	**472,915**
大学院レベル学生総数	**538,175**	**531,230**	**551,595**	**566,560**	**585,730**
学士レベル					
第一学位	**1,524,235**	**1,564,105**	**1,597,825**	**1,621,725**	**1,652,675**
準学位	46,005	39,965	36,975	33,975	32,385
HNC/HND	15,840	15,820	15,150	14,270	12,575
教育専門証書	2,365	2,030	1,730	1,440	1,160
他の学部生	139,360	126,270	114,600	105,130	99,445
第一学位以外の学部生総数	**203,570**	**184,085**	**168,455**	**154,815**	**145,565**
学士レベル学生総数	**1,727,805**	**1,748,190**	**1,766,280**	**1,776,540**	**1,798,240**
合計	2,265,980	2,279,420	2,317,875	2,343,100	2,383,970

（出典）HEFCE. *Higher Education Staff Statistics: UK*, 2018/19, Bristol: HEFCE, 2020.

索　引

1988 年教育改革法　　2
1992 年継続・高等教育法　　2, 3
A レベル（GCE・Advanced Level）
　　100, 108, 109
CAT（College of Advanced Technology）
　　→　工科大学
CSE（Certificate of Secondary Education）
　　132
CVCP　→　イギリス大学長委員会
EdD（教育博士課程）　　75
GCE（General Certificate of Education）
　　1, 132
HEIs（Higher Education Institutions）　　1

LSE（London School of Economics and
　　Political Science）　　85, 115
MA 課程（修士課程）　　116
O レベル（GCE・Ordinary Level）　　152
PGCE（Post Graduate Certificate of
　　Education）　　75
PhD 課程（博士課程）　　116
RAE（Research Assessment Exercise）
　　→　研究評価
SOAS（School of Oriental and African
　　Studies）　　92
TA（Teaching Assessment）
　　→　教育評価

あ行
イギリス大学協会　　5
イギリス大学長委員会　　5, 115
イギリスの奨学金制度　　144
一般全国職業資格　　100, 154
オールソウルズ・カレッジ　　30
オックスフォード大学　　7, 9-10, 14-19,
　　22-26, 29-33, 164
オックス・ブリッジ　　29
オープン・ユニバーシティ　　3

か行
カウンシル　　5, 9
学位授与審議会　　109
学外試験委員制度　　109
学士号　　108
学長　　5, 25, 34, 35
　　――の給与　　70
学費ローンシステム　　21
学部長　　47
学寮長（カレッジ長）　　25, 30
ガバナンス　　7
カレッジ　　22, 23

カレッジ協議会　　8
カレッジ制度　　29
旧大学　　6, 9, 10, 48
教育研究所　　74
教育評価　　67
グラマー・スクール　　161
グレイツ　　2
継続教育　　39, 111
継続教育カレッジ　　99
研究評価　　18, 39, 45, 84, 134
工科大学　　58
高等教育財政審議会　　39, 67, 89, 111
高等教育システム　　127
公立学校　　168
公立学校制度　　1
コート　　9
コミュニティ・カレッジ　　3
コモンウェルス　　3

さ行
サッチャー, M.　　4, 63
サッチャー（政権）　　5, 14, 27, 80, 96,
　　158, 160-162

サンドイッチ・コース　　54
市場原理　　5, 81, 82, 114, 117, 132
シックスフォーム（大学進学準備教育課程）
　　1, 154, 168, 174
自民党　　79
『ジャラット報告書』　　5, 48
修士号　　108
授業履修型課程　　39
準学位課程　　111, 112
ジョイント・コース　　2
上級工学カレッジ（CAT）　　56, 57
所得連動返還型奨学金制度　　144
私立学校　　168
私立学校制度　　1
信仰心　　81
新大学　　6, 9, 10, 48
セネト　　9
全国学生連合　　126
全国職業資格　　100
総長　　29, 34, 63

た行
第一学位　　2, 111
第一級優等学位　　121
大学進学準備教育課程→シックスフォーム
大学入学中央サービス　　156
大学の運営基金集め　　83
大学の学生と教員の比率　　65
『大学の効率性の研究のための運営委員会
　　報告書』　→　『ジャラット報告書』
大学評議員会　　34
第三級優等学位　　121
第二級下級優等学位　　121
第二級上級優等学位　　121
タイムズ紙高等教育版　　118
ダーラム大学　　29
単一学科優等学位　　2
地方教育当局　　38, 56, 58
チャンセラー　→　総長
中等教育修了一般資格　　100, 132
『デアリング報告書』　　6, 22, 66, 79
テニュアー（終身在職権）制度　　40

伝統的大学　　29
独立学校　　168
トライポス　　2

な行
『ノース報告書』　　32

は行
バッキンガム大学　　63
パートタイム　　42
パートタイム学生　　42
パートタイム・コース　　54
パブリック・スクール　　156, 168, 170
ビジネスおよび技術教育審議会　　100
『ビジネスと大学との協働のためのレビュー』
　　→『ランバート報告書』
評議会　　49
複合優等学位　　2
普通レベル　　121
プリンシパル　　29
プレジデント　　29
保守党（政府）　　16, 79
ボーディング・スクール　　146
ポリテクニク　　2, 38, 54

ま行
モダーン・グレイツ　　2

や行
優等レベル　　121

ら行
ラッセル・グループ　　51
『ランバート報告書』　　6
リーグ・テーブル　　46
労働党（政府）　　16, 21, 50, 79, 126, 162
『ロビンズ報告書』　　79, 130
ロンドン大学　　29
ロンドン大学・東洋アフリカ研究学部
　　→　SOAS
ロンドン大学・経済政治学研究所
　　→　LSE

【著者紹介】

秦 由美子 (はだ ゆみこ)

大阪生まれ。アメリカ大使館勤務後，オックスフォード大学で修士号，東京大学で博士号（教育学）を取得し，大阪大学准教授，広島大学教授を経て現在同志社女子大学教授。2011年に，アゴラブリタニカ（イギリス研究会），2015年に日英欧研究学術交流センター（Research Institute for Japan, the UK, and Europe: RIJUE）を立ち上げ，サセックス大学CHEERと共同研究を実施中。「NHKクローズアップ現代～人生に寄り道を」（2013年5月21日）に出演。

主要著書・論文

『変わりゆくイギリスの大学』学文社，2001年。

『新時代を切り拓く大学評価―イギリスと日本』東信堂，2004年。

"Current changes within the Japanese higher education system: Past and future."in *A New Japan for the Twenty First Century*, ed. R.T. Segers, London & NY: Routledge, 2008.

『女性へ贈る7つのメッセージ』晃洋書房，2012年。

『イギリスの大学』東信堂，2014年。

『パブリック・スクールと日本の名門校』平凡社新書，2018年。

"The affective economy of internationalization: migrant academics in and out of Japanese higher education." In *Policy Reviews in Higher Education*, London & NY: Routledge, 2019.

新版 変わりゆくイギリスの大学―教育にみるイギリス文化―

2021年4月10日　第1版第1刷発行

著 者　秦　由美子

発行者　田中　千津子

発行所　株式会社 学 文 社

〒153-0064　東京都目黒区下目黒3-6-1
電話 03（3715）1501 ㈹
FAX 03（3715）2012
https://www.gakubunsha.com

印刷／新灯印刷㈱

ISBN978-4-7620-3074-1